弱みを強みに変える
本気が目覚める
アクティブラーニング

浮田英彦　日野資成　伊藤文一
上野史郎　原口芳博

梓書院

学修者が主体的・協働的に学ぶ「アクティブ・ラーニング」のさらなる充実に向けて

「ユニバーサルとは、人の心だと気が付きました」

これは「ユニバーサルなまち実現プロジェクト」（福岡市教育委員会指定）に取り組んだ児童の発言です。

四年生の総合的な学習の時間の授業として取り組まれたこの実践は、自分たちが住む地《ま》域《ち》の在り方をユニバーサルデザインの視点をもって追究するというもので、地域の住民や施設の協力・支援を得て実現しました。

まずはじめに、ユニバーサルデザインの本来の意味を伝えた上で、ユニバーサルというキーワードを四年生の児童にも分かるように「だれにでもやさしい」と定義して、「やさしさ発見フィールドワーク」と称した一回目のフィールドワークが行われました。

児童たちは、地域を歩きながら歩道の点字ブロックやスロープ、歩行者を守るガードレールなど、実に多くの「やさしさ」を発見して帰校後それらを地図にまとめました。そして、「ここにも横断歩道があったらいいのに」、「点字ブロックを延長してほしい」などと「改善策」について論じ始めました。通常、こうした児童の提案を地域の自治会や公民館などに届けて「皆さんの意見を参考にしてまちづくりを進めます」という発言を引き出し、それに満足して授業は終了という運びになるのですが、このときは違いました。

「みんなが発見したのは、物や場所ばかりだね」

担任の問いかけに多くの児童が一瞬動揺するのが教室の後ろで見ていた私にも分かりました。担任は続けました。

「団地で出会った毎日花壇の世話をしていると言っていたおばあちゃんはどうなのかな」

一週間後、「人」に焦点を当てた二回目のフィールドワークが、地域にある介護施設や障がい者施設、公民館で行われている子育てサークルなどを対象に行われました。二回目は、訪問先毎に六コースに分かれるため、地域住民有志によるスクールガード隊による引率補助のもと行われました。

施設にある介護設備や様々な機器なども児童の興味を引くものでしたが、児童が持ち帰ったメモ帳に記されていた内容の多くが、「施設の人がお年寄りに笑顔で話しかけていた」、「楽しそうに遊ぶ赤ちゃんを見ていたお母さんがにこにこしていた」など、「人」に目を向けたものでした。そして冒頭で紹介した発言に至ったのです。

こうして「ユニバーサルなまち」の実現には、「人の心」が重要であると気が付いた児童たちは、自分たちにも何かできるのではないかと考え、朝のあいさつ運動や花いっぱい運動、障がい者バンドとのジョイントコンサート、地域に掲示するポスターや看板の制作に取り組むなど、主体的・協働的にまちづくりに関わっていったのです。

平成二十六年十一月、文部科学大臣は、「初等中等教育における教育課程の在り方について」中央教育審議会に諮問しました。

そしてその中で、課題の発見と解決に向けて主体的・協働的に学ぶ学習としての「アクティブ・ラーニング」の学習指導法や教材、評価手法の在り方等についての審議を求めました。

「アクティブ・ラーニング」を取り入れた授業は、平成二十四年八月の中教審答申「新たな未来を築くための大学教育の質的転換に向けて～生涯学び続け、主体的に考える力を育成する大学へ～」以降、多くの大学において導入が進んでおり、その教育効果についても実証されつつあります。こうした経過を踏まえて、今度は、初等中等教育段階に導入し、新しい時代に必要となる資質・能力の育成を図ろうと文部科学省も考えたのでしょう。

そして、スケジュール通りに事が進めば、平成二十八年度に全面改定が予定されている学習指導要領に反映され、移行期間を経て本格実施される見通しです。

しかしここで考えたいのは、「アクティブ・ラーニング」なるものが、これまでの初等中等教育段階にはなかった全く新しい指導法なのかということです。

例えば、「アクティブ・ラーニング」の例として挙げられる体験学習、調査学習、グループディスカッション、ディベート、グループ・ワーク等については、総合的な学習の時間を中心に多くの小中高等学校の授業にすでに取り入れられています。本稿の前半で紹介した小学校の事例もこれに当てはまるでしょう。

しかし、こうした取り組みが、今回文部科学省が求めている「課題の発見・解決に向けて主体的・協働的に学ぶ学習（いわゆる『アクティブ・ラーニング』）」（「初等中等教育における教育課程の在り方について」）と同列に扱ってよいかどうかは、事例によって判断が分かれるところでしょう。

ただ、中教審が審議をしていく上では、大いに参考にされるでしょうし、先行して取り組んでいる大学での事例も然りでしょう。
本書では、福岡女学院大学における事例として、大学独自の取り組みはもとより、他大学や小中高等学校、特別支援学校、さらには、地域や教育委員会、企業（ＪＡ等）と連携した実践が、生き生きと学ぶ学生の姿とともに多数紹介されており、大学関係者だけでなく、小中高等学校等の関係者にとっても「アクティブ・ラーニング」の在り方を考えていく上で、示唆に富んだ内容となっています。私自身、教育現場に関わる者の一人として本書を活用していきたいと思っています。

平成二十七年四月

入江誠剛（福岡市立堅粕小学校　校長）

※事例として挙げた「ユニバーサルなまち実現プロジェクト」については、「ガメラもまってる月曜日の朝」（櫂歌書房）及び「内外教育」（平成二十六年九月二十六日　時事通信社発行　特集「地域を知るユニバーサル教育」）において紹介されています。

もくじ＊弱みを強みに変える　本気が目覚める　アクティブ・ラーニング

学修者が主体的・協働的に学ぶ「アクティブ・ラーニング」のさらなる充実に向けて
福岡市立堅粕小学校 校長 **入江 誠剛** 1

わたしたちチームは負けないので——アクティブ・ラーニング実践
~ビジュアル・ストーリー型プレゼンテーションで勝つ~
福岡女学院大学 人文学部教授 **浮田 英彦** 11

女子大生のパワー全開!
~ゼミでのアクティブ・ラーニングの試み~
福岡女学院大学 人文学部教授 **日野 資成** 67

教室から飛び出す授業=アクティブ・ラーニング
~動いて、感じて、つながる~
福岡女学院大学 人文学部教授 **伊藤 文一**
福岡女学院大学 算数教室指導者 **上野 史郎** 103

農作業体験を通して「いのち」を体感する
～野菜・米作り・フラワーアレンジメントによるアクティブ・ラーニング～
福岡女学院大学　人間関係学部教授　原口芳博　151

孔雀の姿に学ぶ
―失敗を成功に変える力―　編者　208

装幀／いのうえしんぢ

わたしたちチームは負けないので
――アクティブ・ラーニング実践
～ビジュアル・ストーリー型プレゼンテーションで勝つ～

浮田 英彦

はじめに　わたしたちチームは負けないので

米倉涼子さん主演ドラマで主人公大門未知子がせりふで用いる「私、失敗しないので」は、なかなか奥がある言葉だと思います。そこでそれを真似て、私の割り当てられた箇所のタイトルも「わたしたちチームは負けないので」にしてみました。

理由は二つ、まず予選会などの会場で一番自信がない態度と言動をするのが私です。その私をみて学生の方が「先生だいじょうぶですよ」「先生笑顔、ファイト」「とにかく先生はご自分の時間を守って発表してください、あとは任せてください」と言います。

なんでそんなに自信があるのかと聞くと「自信は少しはありますけれど、そう気持ちを奮いたたせないとやれないし、後輩のためにも頑張らないといけないから、ですね」と。

やるからには頂点を目指そうとする姿勢が「わたしたちチームは負けないので」というタイトルに相応しいと思い、命名しました。

あと一つは、社会にでても負けるな、がんばれという思いをこめました。だから立派な大人の人は、いい加減な「即戦力」なんて言わないで、まず見守って育てて欲しい。そうするとかれら若者は自信をもって「負けないので」と言うはずです。本気を目覚めさせる教育がいま問われています。

なやみはつきません　教育は均等であるべきか

教育は熟成に似ていませんか。いいものを育てようとしていてもその時の天候など自然が作り出す偶然が影響します。ある程度予測はできても、実際にできてみないと分からないところがあります。ある意味、神の思し召しなのかも知れません。

しかし、時に偶然は傑作を作り出すときもあります。傑作を作り出すには、情熱と、多くの手間と時間がかかります。手間と時間を惜しまず、それに応えようとする関係が成立したところで、はじめて傑作を生む素地ができあがります。ただし傑作は多くを生むことはできません。数が少なくても傑作を求めるのか、それとも偶然の条件を必然にして、ある程度のものを多く作るか、答えを出したいのですが、いまだに答えにたどり着いていません。

さて、高い精度のビジュアル・ストーリー型のプレゼンテーション技法をマスターするには、多くを引換えにしなければなりません。ですから脱落する学生もいます。この脱落した学生に対して責任を感じることは少なくありません。であれば求める精度の度合いを落とせばいいのではないか、と言われれば、もちろんその通りです。精度を落とし多くの学生に均等の学びの機会を与えることが教育なのかも知れません。しかし、痛みを仲間と共に中和しながら耐え抜いてでも、傑作を求める学生がいる以上しばらくこの方法を続けていきたいと考えています。

ちょっぴり理論

さて、研究室に入ると左側に洗面台、その上には鏡、学生が自分の顔を見てイイネをして、さらに左に顔を向けると次ページのボードにたどり着きます。

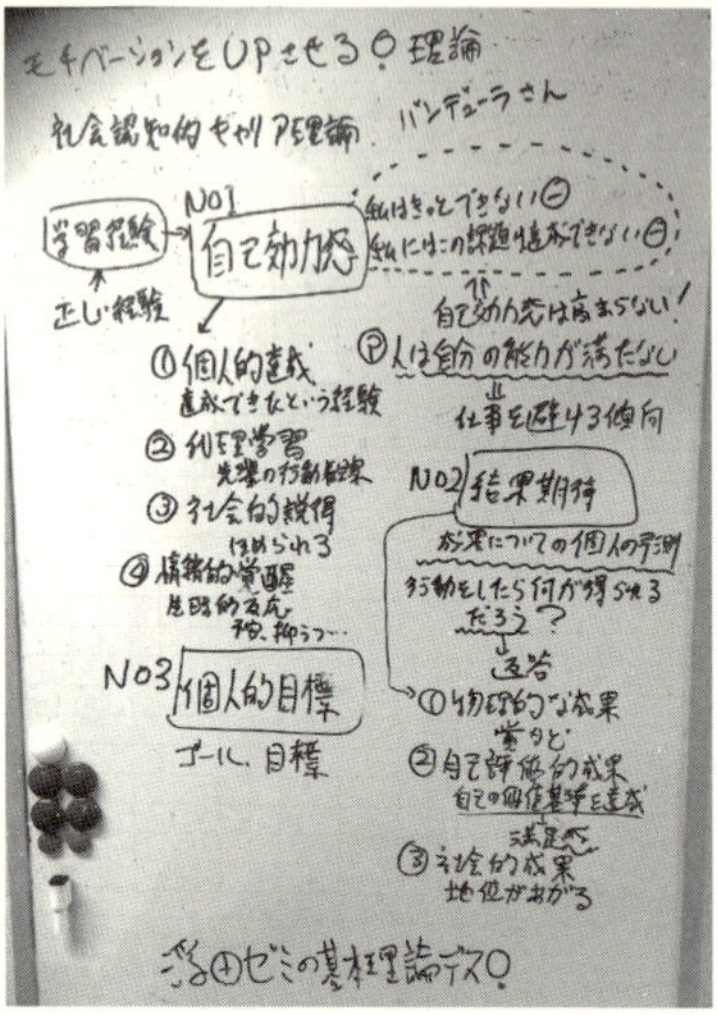

「アレだよ」と注目させているホワイトボード

何かにつけ「アレを見なさい」、「アレは何」、「アレだよ」、と言っては学生をこのボードに注目させています。本当はホテルリッツのクレドみたいに携帯させたいのですが、現在のところはホワイトボードです。書かれているのはアルバート・バンデューラらのSCCTモデルを、学生に分かりやすく、かつ課題とどのようにつながるのかを私がアレンジしたものです。

バンデューラは自己効力感を、「課題に必要な行動を成功裡に遂行可能であるという信念」としています。

自己効力感とは、「この課題は難題だがきっとできるように思う」、逆は「私にはきっと無理だと思う」です。これを「私にも、できるように思う」と肯定的に捉えさせ、プロジェクトの動機付けに応用しています。

ここで私が少し力を入れていることがあります。それは「私にも」という複数系であることです。これが4、3、2年生の共同学習やグループワークに大きく影響してきます。この「私にも」という複数系でかつ肯定的に捉えさせるには、メンバーが視覚的に確認できるモノやコトが必要です。それは日常的なもので、近くにあることが望ましいと考えます。

ひらく――自慢話　今回の言いたいこと

どんなに謙遜して書こうとしても自慢話ととられてしまうため、見出しを自慢話にしてみました。鼻に付くと思われる方もいると思いますが、事実を文章にするとこのようになってしまいました。

2010年「岡垣町観光振興」学生のアイデア・研究の公募日本ツーリズム産業団体連合会　**優秀賞受賞**

さて、写真を見てください。これがここ5年間の彼らの実績です。実に立派な社会的評価だと感心しています。ただ真似てできることではありません。しかし、ある意味で真剣に手本になる先輩たちを真似た結果だと考えています。どのように真似て継続し、社会的評価を受けることができたのか、今回はその部分をこの本の中で述べていきたいと思います。

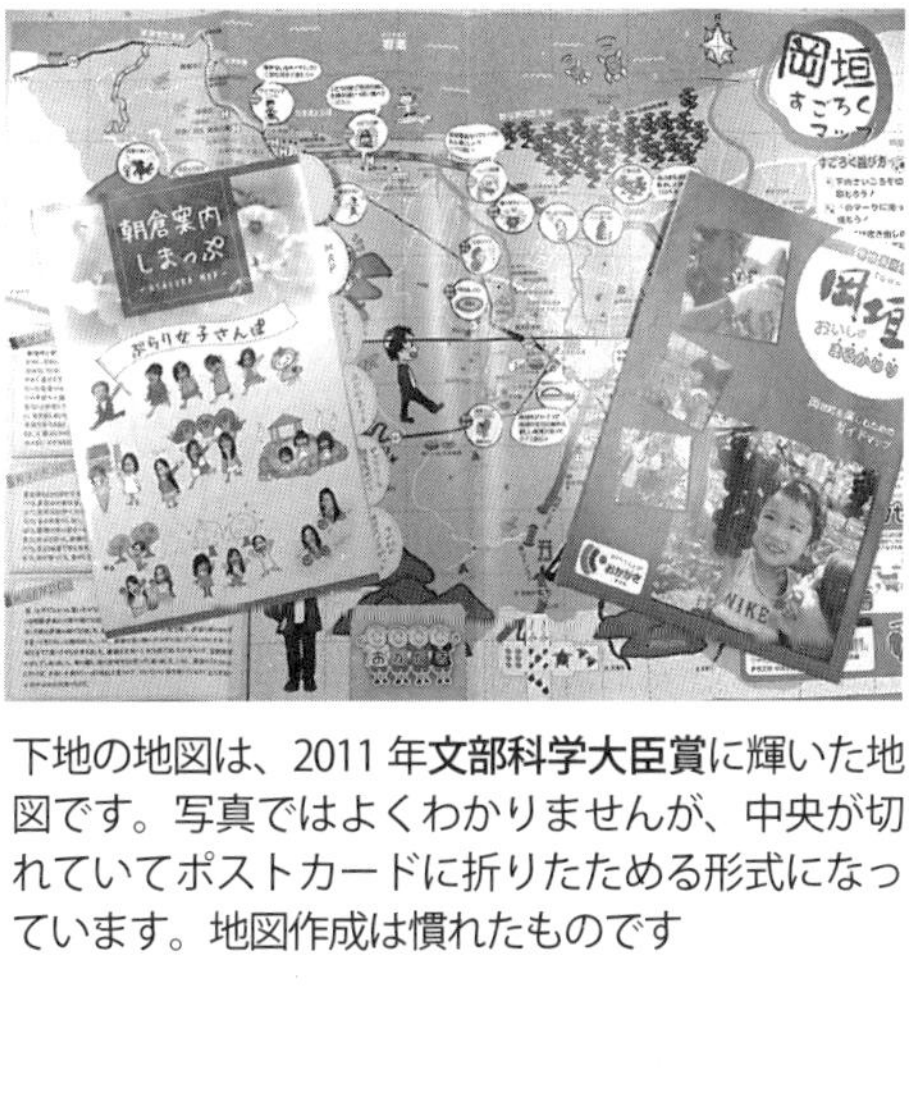

下地の地図は、2011年**文部科学大臣賞**に輝いた地図です。写真ではよくわかりませんが、中央が切れていてポストカードに折りたためる形式になっています。地図作成は慣れたものです

チームビルディングとチーム名

２０１０年ごろからチームビルディングとしてチーム名を付けています。チームが一丸となる、という意味で名前をつけ、塊を「見える化」しています。学生がチーム名を表現の中で多用していることからも、肯定的に捉えていることが観察されます。共同学習でディベート対戦などで競わせる時などはとても活性化します。

チームの特性

話を進めるにあたり、各チームには異なる教育環境があり、それに合わせながら動機付けしていく必要があります。どのように異なっているのか少し説明を加えることで、このあとが分かりやすいと思い、少しチーム事情について書かせていただきます。

ワスプ

日本一に輝いたチームは大型蜂の総称ワスプです。集団戦法もとれるし、個人戦である接近戦にも対応できる強靭なチームです。教育としての特徴は1年生の時から16名の内10名と

2012年、チームワスプ「店舗分析、組織力の醸成、マーケティング」社会人基礎力育成グランプリ2012で**大賞（日本一）**

かかわっていたことです。ですからゼミが立ち上がる2年次ではある程度適正を読むことができたことで、組織化がスムーズにできました。強みは汎用性で、弱みはばらつきです。

ヘッジホック

このチームは先輩の栄光を背に受けて、絶えず比較され続けながら活動を行ったことと、比較だけではなく期待も受け止めて、とてもストレスの比重が高い環境下に置かれたことが特徴です。このような環境下で実績をだしたことはこのチームの粘り強さだと考えます。合宿で企画が１００でるまで眠れない１００本ノックは、このチームが作ったものです。課題解決に対するワークに費やした時間はワスプ以上です。強みは組織力で、弱みは意思決定力です。

ZOO　目標は日本一！

このＺＯＯは少し事情が異なります。チームが一番活躍できるであろう3年時、私が1年間留守をしたことです。ゼミ

2015年、チームZOO「第14回大学発ベンチャービジネスプランコンテスト」**審査委員特別賞・優秀賞の二冠に！**ぼやけていてよくわかりませんが、向かって右側にかたまっています

2013年、チームヘッジホック「朝倉市観光活性化事業」社会人基礎力育成グランプリ、2013九州沖縄地区**優秀賞　連続全国大会へ**

は解散、しかし連携事業が引き継がれたので、架空のゼミを作り、私とネット上でやり取りしながら耐えてきたチームです。指導教員不在のままチームを維持し活動を続けることは、相当なストレスがあったことが想像できます。

2015 年社会人基礎力育成グランプリ 2015 **全国大会準大賞**

なぜそこまでしてと疑問を持たれたかもしれませんが、これには理由があります。チームワスプが行っていた大きな課題が引き継がれていて、このＺＯＯが４年次に完成させる計画だったからです。

しかし、ここで事件がおこりました。３年かけて練り上げてきた計画が不採用になったのです。チームのモチベーションは一気に低下、私との信頼関係にも亀裂が生じるほどでした。

それを立ち直らせた力には脱帽です。悲願の第14回大学発ベンチャービジネスコンテストの壁を破った力は、痛みに仲間と

2015年、4年チームZOO「授業改善」社会人基礎力育成グランプリ、2015九州沖縄地区予選会**優秀賞**、１年ぶりの全国大会へ

耐えることができる力です。さらに社会人基礎力育成グランプリ２０１５九州沖縄地区予選会で優秀賞、全国大会では準大賞に輝きました。強みは分析力・チーム力、弱みは力の偏りです。

ヘクトパスカル　チームビルディング実践演習

このチームだけは学習環境が異なります。ゼミは2年から始まります。しかし、私が不在であったため2年次の学習が抜けています。2年次の時に課題解決に対応できるおおよその基礎を身につけます。ここがうまくいかないと3年次に行うプロジェクトに対応できません。ですからゼミに入る際には4年生と私が面接を行いミスマッチがないか、大変ですよ、特に2年生の時が大切です、とよく聞かせてから意思を判断します。さて、3年次からスタートしたこのメンバーを短期間でどう育成するかが大きな鍵となりました。

2014 年、3 年チームヘクトパスカル
綱引きを 2020 年オリンピック競技に！

Tug of war（綱引き）①

そこで短期間にチーム性を高め、課題に挑める力を付ける為に取り入れたのがTug of war（綱引き）です。写真を見ていただければ分かる通り綱引き競技です。チームビルディング実践演習として本格的に学習として取り入れています。

2014年、2年チームグラスホッパー「社会人基礎力育成グランプリ 2015 九州沖縄地区予選会事務局」、公平性から会場では先輩と話をしてはならないなど、なかなか難しい運営です

共同学習や様々なワークで協働させることでプロジェクトの進め方などに関してはある程度補えます。しかし、チーム力となると習ってできるものではなく体験学習の中から醸成されると考えています。より良い体験をグループ学習として行うことで、チーム力にプラスに影響することが観察されています。このチームの学習成果は後ほど述べさせていただきます。

グラスホッパー　4年生から徹底した社会人基礎力を学ぶ

本年の最後は2年生チームバッタです。上級生を飛び越えろ、という意味からつけたものです。2年生ですが伸び代があるチームです。日々上級生から鍛えられています。

写真は社会人基礎力育成グランプリ2015九州沖縄地区予選会で、チーム一丸となり事務局を見事運営しました。

組織文化　競いの中にホスピタリティを学ぶ

ここまでに至るには実に大変です。彼らから貴重な自分の時間を奪い取り、遊ぶ時間より大学にいる時間が長いのですから、気のどくに思うことがあります。ですから、保護者の皆さんに何を行っているかゼミを観てもらおうと参観を考えたこともあります。賛否両論あると思いますが、近いうちに実現してみようと考えています。

合同ゼミで、3年生と2年生から大会頑張って下さいと色紙が渡されました。競いの中から優しさを学習をしています

さて、昨年の夏面白い記事がありました。高校野球の名門校が監督不在で予選に参加。確か野球が分からない校長先生が代行監督としてベンチ入り、勝ち進んでいったという記事でした。プレーヤーではなくマネジメント的資質がある生徒がいて、その不足箇所を補ったという理解をしています。ある意味で「もしドラ」のような話です。この高校生は自分の資質だけでできたのでしょうか。おそらくそのチームに風土としてあるものが、経験的に引き継がれ、意思決定ができる

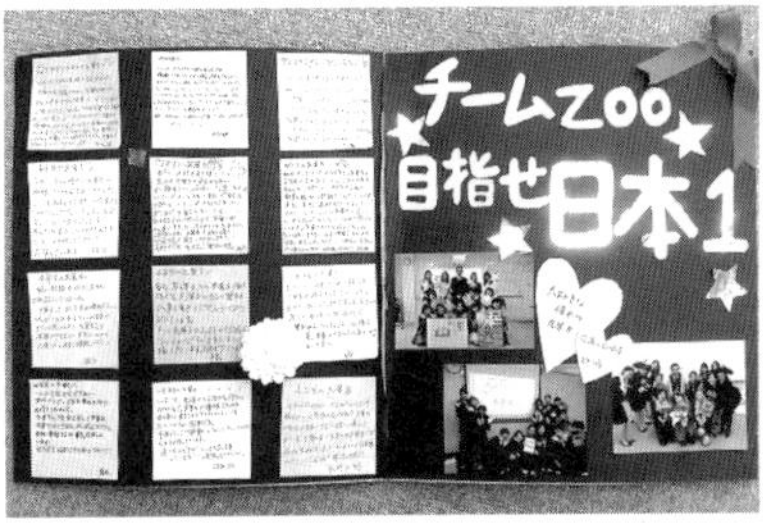

気遣い力！はこの限りではありません。誕生日であったり、いろいろなところで円滑に動こうとする気遣い力が見られます

私の誕生日に！私だから特別ではなく、全員同様に行われます

までに至ったのではないかと考えます。さて、ゼミ生は強み弱みとは何かを必ず分析します。ある意味で組織文化に似ているのかもしれません。シャインの理論を持ち出すと長くなるので、ここはこれくらいで収めておきますが、写真のような当たり前である社会規範が活き活きとここにあるのは確かです。

みる

代理学習

彼らは最初漠然とした、「先輩のようになりたい」という表現を用いています。それが時間とともに、「先輩のようになりたいから、何かを行う」、という目標を設定しだします。そして自分も同様になり、さらに「憧れられるような先輩になりたい」という変化が、毎年設定している目的、目標の中に読みとれます。これが代理学習です。

代理学習とは自分自身が実際に行動しなくても、先輩の経験を観察することなどで自己効力感が変容する

合同ゼミです。3年生と2年生が、4年生のプレゼンテーションを観ているところです。懸命に学び取ろうとしています

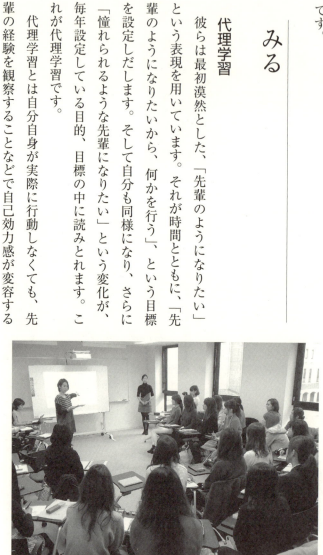

ことです。私は特にこの代理学習に着目してきました。まず、メンバーの観察行動を助長する仕組み作りが私のミッションです。仕組みと言っても至って簡単、動機付けが生じるような観察ができる機会を作ればいいのです。

観せる——みせる

先輩の授業に参加させる、参加させなくても観せる程度でもいいと思います。また、プロジェクトを協働させたり、ゼミを学年合同で行う、学園祭のような催事を協働することでも構わないと思います。もちろん観察する側のチーム（下級生）にはどこを観察させるか設定しなければなりません。やみくもに不完全な箇所を観せれば、期待感は失われ相互性が損なわれてしまいます。この点に私は少し気をつけて行っています。

観せる——なにをみせる

例えば誰にでも弱みがあり、チームにも弱点は必ずあるものです。そこでその弱み強みを見極めて、その

４年生の起業に関するプレゼンテーションを観ている２年生です。懸命に学び取ろうとしています

強みの箇所を観察させればいいのです。それは弱みを隠すということか、という疑問を持たれるかもしれません。実際は弱みを隠すどころか隠すものがない、またはその必要はないのです。では、そんなに完成された学生なのかという新たな疑問が生じてくると思います。

観察する事象は日常的なもので近くにあり、簡単に比較できることが必要です。後輩の前で難しい数学の問題を解いてみせる。確かに「すごいね」と感じるでしょう。しかし、「すごいね」で止まり、私も、という動機には結びつかない場合が多いのです。興味が引き起こされるメカニズムに関する研究で、動機付け（外的・内的）に関する研究はたくさんありますので、細かくはそちらに預けます。

規律性を観察させる

では、肯定的な自己効力感に導くために何を行っているか。それは規律性です。何も知らないで見学に来る下級生は、いきなりの起立礼の号令に困惑気味です。しかし整然とした姿に否定的になる人はいないはずです。この点が、なぜか大学ではあまり評価されないようです。ですが、社会では上司が来たら立ち上がって挨拶するのは普通です。社会では普通にあることなのです。この普通が自分にあるのか、ないのか程度で学生は変容します。この普通が規律性です。一般的に高校まで行われていることなので体験したことのない学生は基本的にいないはずです。素地はあるのであとは再度意味付けする、または再体験させ、ほめられるなど社会的説得につなげれば、学生はこの規律性が必要なことであり、あることにより肯定的な評価につながるのだということが学習できます。要するにきちんとしているね、すごいね、頑張るね、良いことだね、など経験がほめられるという事象につながれば、またはつなげれば、おのずと肯定的に動機付けされ、関わるメンバーに情報として共有され、メンバー全員が基本的な規律を身につけることになります。

授業の最後は、まず私に、次に後ろにいる先輩に礼をします。なぜか先輩に対する礼の角度が、私の時より深いように感じます。

意識して撮ったのでちょっとぎこちないですが、全ての始まりと終わりは、起立礼を行います。まず私に、先輩がいれば、先輩へ行われます

起立礼を意味付ける

規律性が必要な理由をきちんと伝えることがポイントです。

例えば決まった時間にできないとコストアップに関連する、机の上の乱れや整理整頓の乱れを改善する、直角並行の徹底は安全性と関連するなどです。この程度のことであれば学生はアルバイト等で多少体験していることなので、関連付けられ、意

この場で何を行うべきかという優先順位が共有されています。単独のゼミは、このように企業の役員会とスタイルは変わりません。ただし、活性化しています

味付けが容易にすすむことが観察されます。アルバイト先では綺麗にしろなど、一方向で終わっていることが多いのですが、この点を綺麗にするということは、何と関連していて、最終的には様々な評価につながっている、とまで言ってくれるといいのですが、さすがにここまでは企業にも余力が無いのが現状でしょう。

さて、このように意味付けを助長することで、規律性の意味することが理解できれば、このコスト0の力（原価は自分のエネルギー）をメンバーは自分のものとして、より高度な規律性を学習するような動機付けがされます。

「観る」とホスピタリティ

観察学習あるいはモデリングの研究は運動の分野など様々な分野で行われています。私はホスピタリティの説明のとき「観る」とはいったい何なのかを取り上げています。ウォッチ＝「見る」であり、アテンド＝「観る」となります。運動の研究分野では模倣としているようですが、ホスピタリティ・マネジメントでは「観る」は深く顧客の行動を観察し、ニーズを先取りすることであると説明しています。

このようなことも、いまの学生はアルバイトや社会で

合同ゼミです。4年生からプレゼンテーション技法を学んでいます。教室はいつもオープン。みられていることを意識しています。ですから、教室内は全て直角並行です

様々な体験が多いため、その事象を意味付けさせれば観察の中の「観る」ということを理解して、上級生の行動を深く観て、評価し、捉えることが可能であると考えます。

自己効力感

さて観察対象となる相手、ここでは上級生ですが、そんなに立派なのか、所詮学生は学生ではないかと思われる方がいると思います。それが、一般的な解釈として、立派なのです。立派の定義は何かについては原稿量の関係から皆さんにお任せ致します。しかし内的にみても一、二年経った企業の新入社員と遜色ないところまで、円滑に働こうとする能力はあると考えています。これは毎週訪れる外部の方々のインタビューからも似たような評価があります。

さて、この力はいったいどこから来ているのか、私の指導でしょうか。この点はおそらく2割程度は寄与していると思いますが、所詮2割程度だと思います。残りのその根源は上級生の行動観察により、「私もあのようになりたい」「同じ学生で何のかわりもない、自分と同じ」「いつも協働している近くにいる上級生」「私にもできるかもしれない」という流れから、自己効力感が高まったと思われます。

教員の関わりは2割

次ページの写真のように私の関わりは本当に2割です。2割に留めているといった方が合っているかも知れません。ただし2対8の法則のように2割が全体を動かしている、という捉えかたもあるかも知れませんが、現時点ではそれに対するデータは持っていません。だから忙しそうに見えるけれど、本当は忙しくないのです。いろいろ行っていて大変ですね、とほめられているのかそれともその逆なのか、様々なことが大学ではあります。教務関係の仕事を除けば、多くは上級生がその役にあたっているため、会社員時代によくあった時間との勝負のような、忙しさで目が回るようなことはありません。また、逆にそのような忙殺状態では、学生と接する時間が削りとられてしまい、冷静な観察はまず不可能です。

コンプレイン対応と同じ

冷静な観察ができないと、コンプレインに対応することができません。

コンプレイン？　何のことと思われるでしょう。

私のところはサービスに関する研究がベースになっているので、よくクレームとコンプレインについて対応策を議論します。

コンプレインに対応するとは、要するに、潜んでいる苦情を探しだし、大きくならないうちに対応することであると上級生のゼミの中でコンセンサスをとっています。

4年生が2年生に向けてゼミのポイントを伝えています。私の出番はありません

これを放置するとコンプレインになるので、方法を解説したいと思います。対応方法、そんなの企業でも大変なのにできているのか?という疑問が吹き出るかもしれませんが、それは至って簡単明瞭です。

ワークの細分化

連携事業のワークを小分けする

組織化とも言えると思いますが、図1のように各学年に同じことを行っているグループが存在します。例えば総務、広報などが4、3、2年に配置されています。学年によって課題が異なるので若干内容が違う場合がありますが大きな違いはありません。どの企業でも宣伝部の仕事に基本的な違いが無いのと同様です。これが小分け対応です。

要するにアントアイ（蟻の目）的に、細

図1

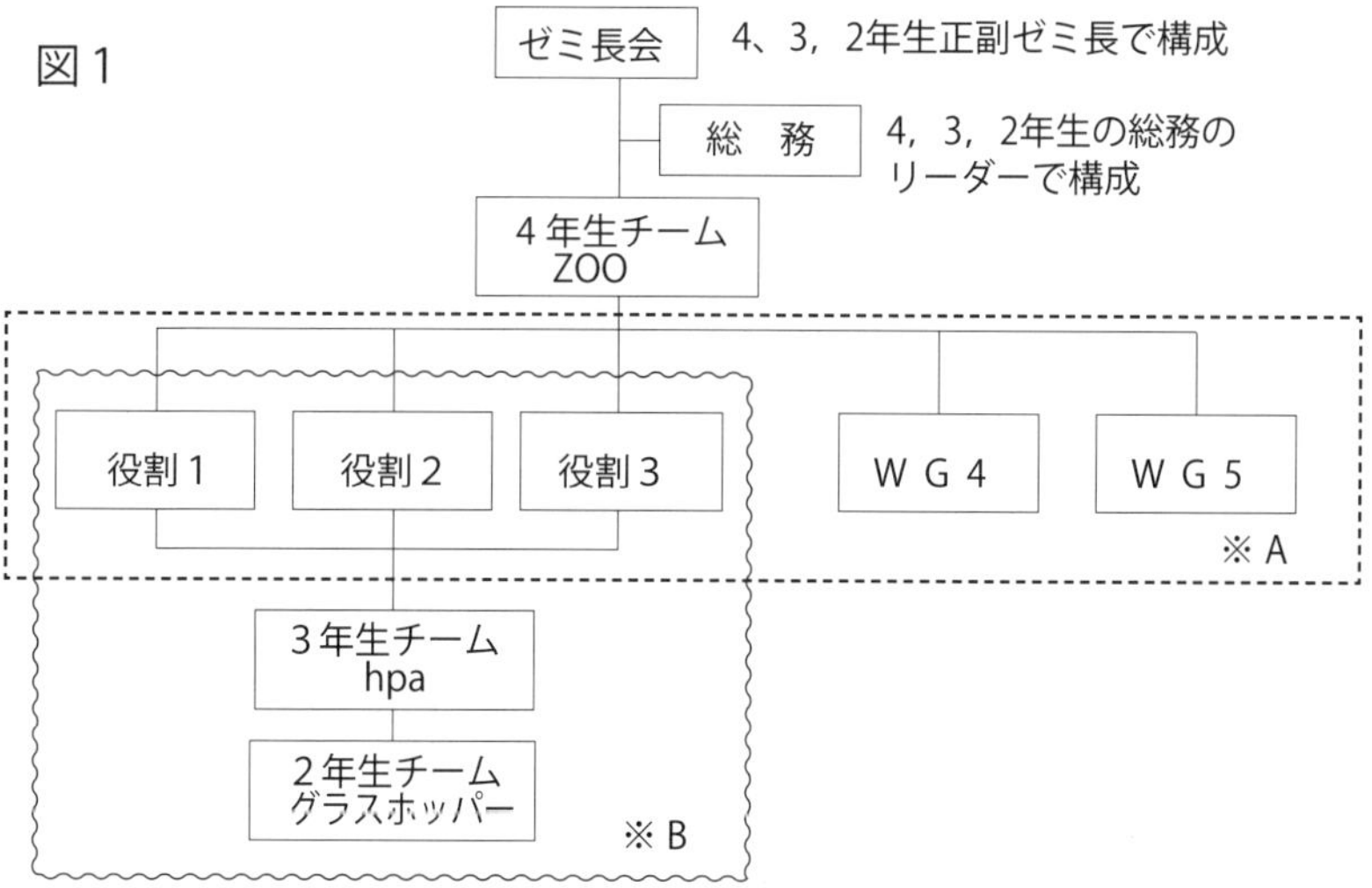

※A　4年生チームは課題が高度なのでワーキンググループ（WG）が設けられます

※B　3年、2年生は、役割1～3という基本的な役割を協働します

部へ視点がいきわたるようにしています。

情緒的覚醒　ストレスを放置するとボディブローのように組織に浸食

ワーキンググループ（WG）は企業のような成果をあげるためという側面は弱く、ストレスケアも目的の一つとなっています。WGを観察していると、ワークの方法に関する相談が3割、あと3割が人に関すること、残り4割が雑談です。雑談の割合が8割の時もありますが、このような関係性がストレスケアにつながっていると考えています。

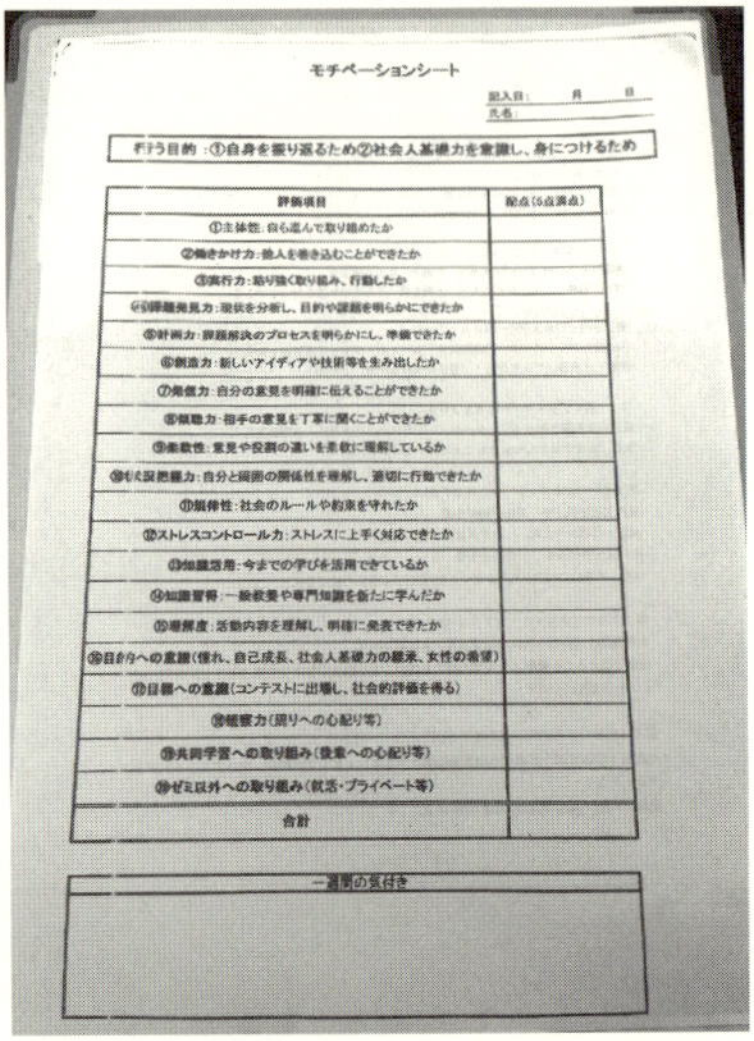

モチベーションシート

記入日：　月　日
氏名：

行う目的：①自身を振り返るため②社会人基礎力を意識し、身につけるため

評価項目	配点（5点満点）
①主体性：自ら進んで取り組めたか	
②働きかけ力：他人を巻き込むことができたか	
③実行力：粘り強く取り組み、行動したか	
④課題発見力：現状を分析し、目的や課題を明らかにできたか	
⑤計画力：課題解決のプロセスを明らかにし、準備できたか	
⑥創造力：新しいアイディアや技術等を生み出したか	
⑦発信力：自分の意見を明確に伝えることができたか	
⑧傾聴力：相手の意見を丁寧に聞くことができたか	
⑨柔軟性：意見や役割の違いを柔軟に理解しているか	
⑩情況把握力：自分と周囲の関係性を理解し、適切に行動できたか	
⑪規律性：社会のルールや約束を守れたか	
⑫ストレスコントロール力：ストレスに上手く対応できたか	
⑬知識活用：今までの学びを活用できているか	
⑭知識習得：一般教養や専門知識を新たに学んだか	
⑮理解度：活動内容を理解し、明確に発表できたか	
⑯目的への意識（憧れ、自己成長、社会人基礎力の継承、女性の希望）	
⑰目標への意識（コンテストに出場し、社会的評価を得る）	
⑱観察力（周りへの心配り等）	
⑲共同学習への取り組み（後輩への心配り等）	
⑳ゼミ以外への取り組み（就活・プライベート等）	
合計	

一週間の気付き

20項目あり、各5点で100満点です。
基本的には毎週チェックが行われます

またゼミ長のように高いストレスがかかる学生たちは、4、3、2年生で食事に行くなど関係性を強くすることで能動的にストレスケアを行っています。

　このように細部にワークを分割し、しかも異年齢で構成させることにより、多様な考えかたを受け入れることができる素地につながるとともに、潜んだ問題を顕在化させる役割になっていると考えています。上の写真は自己診断テストと社会人基礎力の能力を掛け合わせてマーケティンググループが作成しているものです。これを定量化し、さらに「見える化」しています。

卒業研究　4年ゼミの欠席はほとんどありません

あそこのゼミは大変だって、アルバイトはできないし、毎日あるんだって。特殊なことを行っていると噂話は付き物です。別に特殊なことを行っていると思ったことはありません。最近導入したチームビルディングを強化するために行っているTug of war（綱引き）は確かに特殊かも知れませんが、噂に関する事実関係ははずれてはいませんが、部分的なことで、絶えず忙しいわけではありません。ゼミ長会がスケジュール管理しているので闇雲に多忙だということはありません。

その証拠に4年生は就活を行いながら課題を二系統行い、見事に実績も残しています。4年生になると就活でゼミを休む学生が多く発生します。出席者が半数というゼミもあるようです。あるようですと他人事なのは、週一のゼミだけを見れば出席率は99%です。試験会場から戻って参加するケースはここでは珍しいことではありません。私は新入のゼミ生に、よくうちを選んだね、と話します。それを後ろで聞いている上級生は、分かって来ているんだから妙な気遣いは必要ありません、厳しくやりましょ、と指導

チームマーケが分析作業をしています

教員の逆転現象が起こります。頼もしい限りです。

授業回数ではなく週という捉えかた

事業を推進するには課外活動が多く発生します。週一度設定されているゼミは各担当者からの報告で90分いっぱいです。報告から問題点がその場で見えてきたときには全員で改善策をできる限り即検討し、改善するようにしています。これは情報共有の目的もありますが、即答することには二点ほど理由があります。

一点目は、課題や問題を一人で抱え込まないようにすること。二点目は、課外のワークをできる限り少なくすることです。

もう少し付け加えれば、ゼミ初期の関わりではチームビルディングとして課外をあえて増やし、チーム性を強化します。軌道にのってきて実際に課題を行っていくと時間が必要になります。そこでオーバーワーク防止のためなるべく解決できることはその場で行うことにしています。

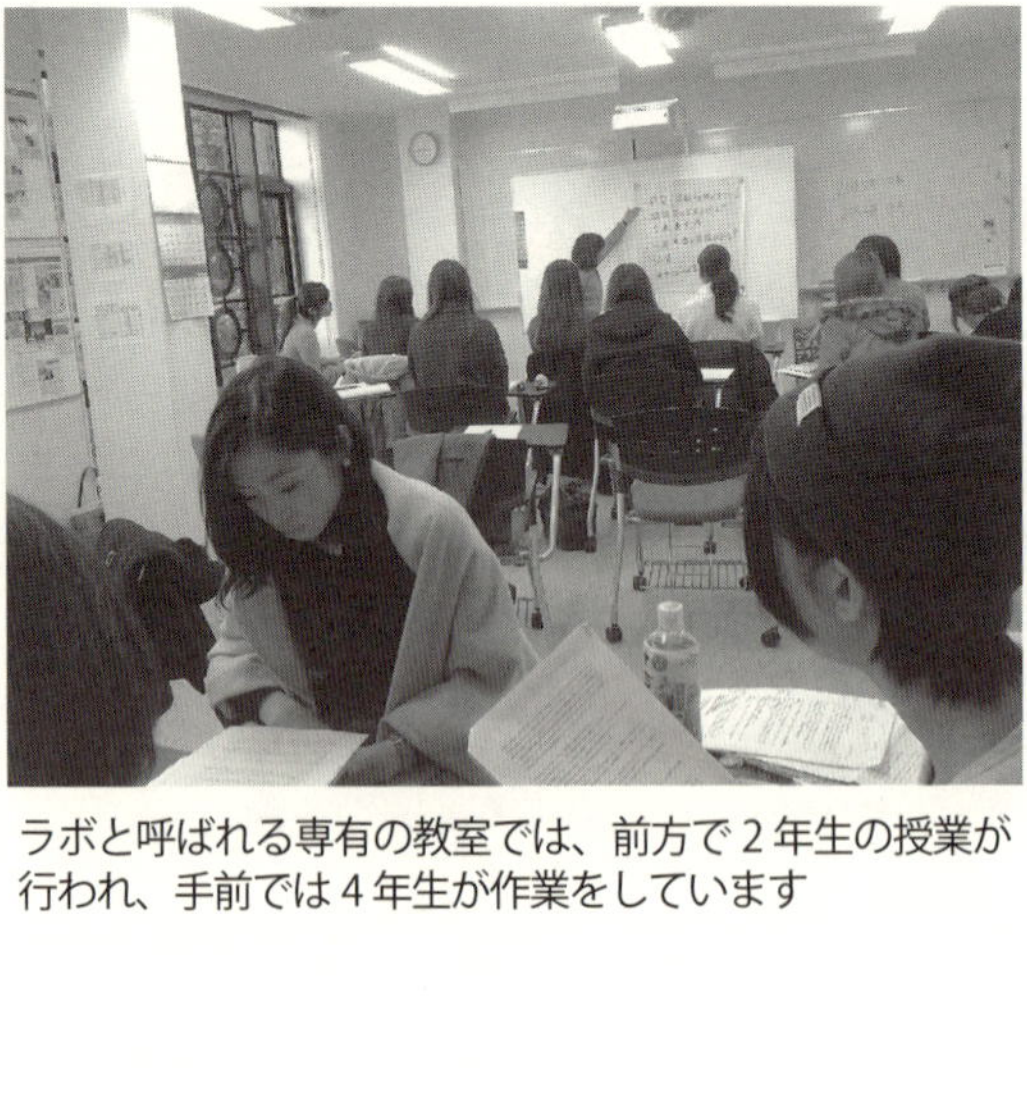

ラボと呼ばれる専有の教室では、前方で２年生の授業が行われ、手前では４年生が作業をしています

授業回数は未知的

「早いねもう今年も終わりだよ、あれ何回目のゼミだっけ、何回目っていったって毎日来ているし、ずっとラボに居るしね」

12月5日17：00ごろの研究室での4年生の会話です。多忙な時期には毎日ワークを行わなければならないことは珍しくありません。企業でいう残業に続く残業です。おそらく一番稼働率が高い教室の一つだと思います。学生は自己をコントロールする能力がまだ不完全なため、オーバーワークになりかねないことがしばしば見られます。楽しいおしゃべりなら何時間でも苦になりませんが、見えない課題に挑むということは精神的に相当な負荷がかかります。また報告書などからその7割がメンバー間の温度差などに原因があるようです。

この温度差や価値観の相違に関しては、WG等でメンバー間の関係性を強化できます。しかし、完全に取り除くことはできません。むしろ許容するようにここだけは指導しています。

授業終わりのシーンを肯定的に記憶に残させるとストレスは緩和される

2年生初期の課外はチーム性を助長するように故意に課外を設定しています。要するに授業を1回で完結させなければいいことですが、同時にオーバーワークになっていないか注視することは大事なポイントです。課外を増やすことは学修活動として利点もありますが、オーバーワークにならないよう注意しなければなりません。

緩和させる工夫として授業の終わりにひと工夫しています。それはゼミの終わりを次の学習を肯定的に受け入れられるような動機付けと連動させることです。

説明が少し難しいのですが、授業の終わりの記憶を肯定的に残させるという意味です。写真のように2年生のゼミには後方で上級生が通常の課題研究をしています。この話をすると、「それ、どんな環境なの」と疑問をもたれると思います。教室の後ろに上級生がいて、前方で2年生のゼミが行われている。通常では考えられません。簡単に言えば理工学部などの研究室（実験室）と考えてください。なぜそうしているのかについては後ほど別のところで説明します。さて、2年生がディベートを行っているとします。その場合、後方のPCに向かってワークをしている上級生には否が応でもその状況が耳に入ってきます。ですから時にジャッジを行ってもらったり、感想を述べてもらったりします。むちゃぶりです。しかし、上級生は真剣にこの任にあたってくれます。

2年生がディベートの作戦をたてているところです

上級生は下級生の適正に関心がある

それは、彼らも下級生の情報を知りたいからです。グループワークを観察していれば必然的に、個人の思考が顕在化されます。上級生はそこで得た情報をミーティングで共有化し下級生一人一人の適応性分析につなげています。

さて、上級生は基本的に下級生をあまりほめません。単純に良かったよ、拍手、で終わるケースはありません。定義付けがなかった点がダメ、しかし定義付けをすることでここがもっと良くなる、という言い方に徹します。下級生は自分たちのふりかえりで発見できなかった箇所をズバッと指摘されたことで、上級生との能力の差を体験します。自分たちの及ばない能力を持つ上級生の存在に自己効力感は肯定的に高まります。

次回の授業への期待感と社会的説得

ゼミ終了時に受けた上級生からの衝撃的な指摘は社会的説得であることから肯定的に捉え、次の授業で起こるであろうことに、自己成長や学習成果などの期待感を助長させます。さらに課外活動を活性化させる原動力となっています。現在、他の授業でも終わりの言葉に意味を持たせています。

課外のしくみ

宿題を喜んで受け入れる学生は多くないと思います。しか

2年生が3年生と4年生から指導を受けています

し、調べないとわからない、グループワークをしないと課題ができないという仕組みになっているため、やむを得ず学生はどこかに集まり、調べてきたことを役割分担するなどして次に備えます。

上級生のインタビュー調査では大概の学生は大変ですと答えます。しかし、面倒、やりたくないという否定的な言葉はあがりません。

ただし、下級生のチームは課外で集まる時間帯の調整に難航し、メンバーの温度差を感じて上手くいかない、という話が必ずこの時期のインタビューであがってきます。しかし、縦組織の活用でケアが行われ、人間関係で苦労した体験が組織運営の経験となっていると考えます。

ごちゃごちゃしていますが、２年生が４年生に相談をしています

多い課外と15週という捉え方

さて、課外活動が多いということは必然的に授業は15回ではなく15週という捉えかたをしないと成立しません。よく毎日集まるね、と私は声をかけます。この言葉に対して先生がやらせているから、という態度はとりません。心の中までわかりませんが長い時間活動を共にすれば大凡のことはわかり

ます。目的と目標が自己の成長と関連付けされていて、実際その行動をとって実績をあげている上級生を見れば、学生は能動的で主体的に15週を構築していきます。

かかわる・やってみる

やらせる勇気と個人的達成

15週という考えは分かるが、そんなに簡単に考えられない、という意見があると思います。ここのポイントを簡単に言えば、やらせる勇気です。先生と呼ばれている人は話すことが好きな人、議論が好きな人など自分が話したくてたまらない人が多いように思います。そこを我慢して学生に体験させてみる、やらせるのです。見ているとついついアドバイスを行ったり、答えを差し伸べたりしてしまいますが、そこを我慢してやらせるのです。我慢した結果、適切な言葉ではありませんが手間が省けます。手間が省ければ時間ができるので、次回の準備時間に費やすことができます。

やらせると失敗・出来ない・活性化しないなどが必ず発生

さて、やらせた結果、特に100名を超えるワークでは捉え間違いが必ず発生します。こういう意味です、ここはこのように進めて下さい、などいくら説明しても間違うグループはあります。ここがポイントです。間違いがあれば、そのミスについて教材にすればいいのです。改善方法を考えるという課題は思考を高めるいい教材です。なぜ間違ったか、間違いをなくすにはどのような工夫があればいいのか、グループワークをさせ、次に全員でシェアします。これで一つ学習が成立します。そしてＰＤＣＡの回しかたへと意味付けすれば驚く程に課題が改善され、成し遂げた経験である個人的達成につながることが観察されています。

信じて放置する

間違いがないように、先生はついつい手を出してしまいがちになりますが、あえて放置しましょう。間違えていれば改善すればいいのです。間違いがあることを体験させることも大切なことであると考えます。ただし、聴き方を学習させ、聴かせる工夫をすれば、そんなに大きなズレは発生しないはずです。現在１１３名の通年の授業をグループ学習形態で行っています。後期に入り詳細なプリントを配布しなくても、ＰＰＴのスライドで解説しても、間違って捉える学生はほとんどいなくなりました。よい意味で放置することで、教師にも実に面白い気付きがたくさんあります。

小さな授業も手をかけない

ゼミの課外も基本的には同様です。質問がないかきちんと確認して解散、あとは何も行いません。ただし、影でいい影響を与えているのが上級生の存在です。先生にはいまさら聞けないし、さて困った、それでは先輩に聞いてみよう、という流れになります。上級生から、２年生から質問があり、捉えかたが間違っていたので説明しておきました、という報告がされます。ここでも縦のつながりがうまく動いています。

キチンと伝える―伝えているのは上級生

いい意味で放置された、下級生の相談や指導を、最上級生が担っています。どのように接点を作っていくのかというと、特に難しいシステムがあるわけではありません。アクティブ・ラーニングらしい簡単な方法です。

それは下級生の授業を最上級生が行っているということです。2年生のゼミ最初のガイダンスは4年生が行います。日々プレゼンテーションやファシリテーションの訓練をしている4年生ですが、授業となると様々な課題と問題がでてくるため、一つ工夫をしています。それはアイスブレイクなどを用いてワークショップ中心で構成することです。私の所には幸いこの手の教材が多くあるので、学生の状況や能力、関わり状況などを考慮して組み合せています。これであれば4年生のスキルで90分間の授業が構成できます。

結果、ふりかえりシートから高い満足感や期待感が見られます。

4年生が2年生の授業を行っています。手法はグループワークです

４年生にとってもフォーマルな場で行うことで、要約技法や表現力などを実践的に学修する場になっています。私の授業より好評のようです。

キチンと伝える―関わり

観せる、で少し触れましたがゼミや授業での上級生と下級生の接点は、あげたらきりがありません。例えば４年生が２年生の授業を行う。２年生が上級生のゼミを見学する。２、３年生の課題発表に関するジャッジを４年生が行う。１年生の授業を３年生がサポートする。１年生の授業のジャッジを４年生が行う、ディベートのジャッジを異なる学年が行う、などです。この他、ゼミ単位では合同でゼミを行う、学園祭を合同で行う、食事会は大宴会のような感じになります。共に助け、共に成長しようとする姿が活き活きとしています。

いつも大宴会です！

キチンと伝える―協働と共同

この本の中で共同と協働という二つの用語を使っています。図1を見ていただければよく分かると思います。４、３、２年生はそれぞれ学年ごとに組織運営されています。４年生がチームＺＯＯ、３年生がhPa（ヘクトパスカル）、2年生がグラスホッパーです。チーム間で何らかのワークを行う場合を協働としています。例えば社会人基礎力育成グランプリ予選会事務局運営のようなオールゼミで対応する場合がこれに該当します。また、合同ゼミや合同ゼミ公開参観なども同様です。共同はディベート、アイスブレーキング、ＰＢＬなどを行う場合に用いています。ゼミでは様々な形式で授業が行われます。特に小単位で、かつ力を合わせホスピタリティである互恵関係や相互依存に力点をおいている場合に、共同として使い分けています。

キチンと伝える――上級生が育てる

私のところは基本的に連携事業を様々な機関と行っています。事業で多少異なるところはありますが、基礎調査、本調査、分析、報告、提案（提言）という流れをとります。長いものでは5ヵ年事業など複数年度に及ぶものも珍しくはありません。この複数年の事業は、企業と異なりメンバーである学生が毎年卒業するため、継続させるプロセスが必要になります。難しいでしょ、とよく質問されますが、それほど難しいことではありません。関わった物事を間違いなく引継いでいけばいいだけのこ

４年生と２年生が協力して勝ち取った勝利です。中央のマスクは知恵熱でダウンした４年マーケ班のリーダーです

とです。よって下級生と協働する必要性がいやがおうでも出てきますので、下級生がそれに対応できるだけのスキルを養っているかが問われます。ですから上級生は積極的に下級生とコミュニケーションをとっています。ただし、彼らの行動を長年観察した結果、彼らは特別に意識して下級生を育成しようとしているわけではなく、相互性を確立した上で、関係性を円滑にする必要な物事を伝えているのです。卒業するメンバーが毎年いることによりマンネリ化は見られません。これも、いま近くにいる憧れの先輩は遠からず卒業する、という事実関係が明確になっているので下級生ができたところで自立性が働き、物事を継続させていこうという動機に関連しているのではないかと考えています。

学生のたまり場

教室の後ろに上級生がいて、前方で2年生のゼミが行われている。通常では考えられません。簡単に言えば理工学部などの研究室（実験室）と考えてください。と書いた点について説明責任があるので、狙いとこれまでの効果について述べたいと思います。２００７年ごろから本格的に連携事業に取り組んできました。それが各学年ゼミ生の課題になっています。その課題を行うための場所が必要で、どこでもいいのでワークを行う場所が欲しい、無いと関連する作業ができない、と主張してきました。なぜできない、できる範囲で行えばいいのではないか。確かにそうかもしれません。でも精度を追求すればヒト・モノ・カネ・バショはどうしても必要です。ヒトは育成すれば何とかなります。一番難しいのですが、この点はここまでＰＤＣＡが本当にうまくまわっています。モノもカネ（資金）もなんとかしのげます。

しかしバショ（場所）はそうはいきません。長年私の小さな研究室で作業を行っていましたがＰＣも2台、ＰＣ室は19：00まで。役所から借用した資料や文献をヨイショ・ヨイショと担ぎながら小さな研究室に舞い戻ってくることを繰り返してきました。空き教室であっても、これも同様です。資料文献をヨイショ・ヨイショです。そんなことをしているとついに紛失、事故発生です。1学年15名程度なのでとても研究室では全員収容しきれません。合同となると溢れ出すしかないのです。ついに、大学も事情をようやく分かってくれたのか、期限付きですが最新の教室を２０１４年9月より固定的に使うことが叶いました。各学年のゼミはもちろん、ミーティング、ワークも全てこの教室で行っています。

意見がとびかう

前方で2年生のゼミでディベートを行っている、後方のＰＣには4年生が張り付いて作業をしている、なのでむちゃぶりができるという教室環境です。写真のように2、3、4年生が入り乱れて作業を行っているので一見みると乱雑な感じがします。しかし、この中には相互信頼などの相互性が確実に活きていま

左が３年、右が４年です。全員が写りこんでいませんが 15 名程度がいます

す。122教室（ゼミでは通称ラボ）に行けば誰かがいるし、尊敬できる上級生とともに、いつでも学習できる。そんな喜びがこの教室に中には活き活きと存在しています。大学側の理解があり叶えていただいていることで、どこでも同様に行うことは難しいかもしれませんが、連携事業を推進する上でこのたまり場は学内最高の稼働率です。年齢も異なる多様なメンバーが協働することで教育効果や作業効果を引き出し、気遣いと思いやりという人間性をも学修できる有効な場であると考えています。

SNSはルールを設ける

SNSも効果的に使っています。私ぐらいの年齢の中にはよくわからないという人が多く存在します。しかし意外と便利なものです。ただし、この便利なツールは顔が見えていないコミュニケーションなので、ご承知の通り、時として事故を発生させます。ゼミでは情報伝達網としてLINEを用いています。使う前には必ず上級生（または総務）からルールが言い渡されます。重要な内容では使わない・議論しない・返事をするなどです。伝達ツールとしてのみ使われています。私の仕事は朝一番で内容に目を通すこと。これだけで何か問題が生じているのか、活性化しているか、いないのか、およそ確認できます。これは難しいことではありません。日頃観察している行動と短文を関連付け、相関性があれば良し、無ければ良くない、というだけのことです。読み取るだけですから教師であれば分かるはずです。

SNSは敬語

さらに注目していることがあります。彼らはSNS上では互いに敬語を使っています。このことは2012年に出した本の中に、気付いたら皆が自然と敬語を用いていた、と書いています。これが現在まで続いています。いつからこうなったかは定かではありませんが、コミュニケーションがフォーマルかインフォーマルなのかを切り替えることができている事象なのではないかと興味深く観察しています。ゼミ活動は公式であり、よってそのゼミ活動に付随するものは公式である。付随するとはどこまでが該当するのかという問題を学生が理解して用いているのであれば大人顔負けだと思います。

SNSと達成動機

もう一つSNSを効果的に用いていることがあります。それは動機付けです。上級生の成果を書き込む、すると下級生から尊敬の念を込めた書き込みが行われる。その一部を上級生に貼り付ける。あまり教育として感心しないな、という意見もあるかもしれませんが、達成動機における内発的動機付けになっています。下級生の用いている用語を見ると尊敬・偉大・恵まれた・応援・刺激・素晴らしい・憧れなどの用語が多用されていることからも推察できます。これらが互恵関係を構築していくことに関連していくと考えています。スタンプが無いので寂しい気もしますが、特に問題があがってこないのでしばらくこのまま続けようと思います。

つなぐ

さて、ここからは少し実務的な内容を述べていきたいと思います。前段と少し重複箇所があるかもしれませんがご容赦ください。

組織運営

ゼミは29ページの図1で紹介したような組織になっています。横軸はどこでもあると思いますが縦軸の構造は文系大学ではあまり見られないはずです。この縦と横が実によく機能します。先日4年生と下級生チームの対応について遅くまで議論していました。そこで彼らから出た発言は、「私たちが卒業するまでそう時間はありませんが、何とか調整してみます」です。前後関係がないので分かりにくいかも知れませんが、ゼミの基本指針とずれる様なことが発生しているため修正していきましょう、ということです。ある意味の互恵関係や相互性に似た行動であり、企業文化のようなものが作用していると考えています。このような一連の関係性が親密性や信頼性をより強くし、ロイヤルティ(loyalty)に似たものが彼らの中に芽生えているように思います。

結果期待　経験情報を移転させる

今年もよく泣きました。感動の涙です。いままで数度挑戦してもどうしても超えることができなかったコンテストがありました。取り組んだ時間は4年間。一般的に言えばプロジェクトの4年なんてたいしたことはないとお考えかもしれませんが、最大の戦力は学生です。またその学生は卒業で巣立ちます。技術などの知識や経験情報を確実に次に移転することは簡単ではありません。しかし、組織を縦断した共同学習を行う時間を増加させることで、知識の移転が意外にスムーズに進むことが観察されました。証拠というとおこがましいのですが、自慢話で述べたような成果が示しています。

結果期待　物理的な成果

もちろん単に先輩と一緒に活動していれば自然に知識は移転されるというものではありません。ここは操作が必要です。その事例をご紹介したいと思います。CVG（キャンパスベンチャーグランプリ）という学生を対象としたビジネスコンテストが全国で行われています。全国8つのエリアにわかれ約800チームが競います。優秀者は全国大会に進みます。2014年11月九州地区の大会で初の決勝まで4年生チームZOOが進みました。医理工系学部が毎年上位を占める中、文系の私たちが入る余地がないと思いながらも、何とかならないかと事業計画を出しては落選を繰り返し、暗中模索してきました。継続できた理由はいくつか考えられますが、観察やレポートで明らかなのは成果の見える化による効果が大きいと考えます。

成果の見える化

例えばコンテスト①では評価されなかったが、コンテスト②では評価を受けた事実関係です。幸いにも学生の頑張りで様々な分野で物理的な成果をだしています。これが高い動機付けとなり後輩へ伝えていきたい、是非伝えるべきであるという能動的な行動を助長させていると考えます。簡単に言えば私も使ってとても良かったので、あなたも是非使ってみて、と商品を勧めることに似ています。ただし、メンバーの行動を観察していると、確実に移転されているものは誰もができることです。身だしなみ、立ち居振る舞いなど規律性に関係する箇所です。意外にたいしたことはない、と思われるかもしれませんが、例えば理工学系と研究を競う場合に、理工系は製品化してくる場合が多いのですが、一方我われは見える化することが難しいのです。対抗手段として表現力、要するに伝える力で対抗するしかありません。いやいや研究内容は理系も文系も無く、成果は二の次という意見があるのはもちろんですが、成果を導きださせるのも教師の役割だと考えています。

競う　団体戦

後期の終わりにプランニングコンテストをゼミ内で行います。参加は2年生・3年生です。4年生はジャッジを担当します。このコンテストは企画書を書くことで要約など文章表現を学習することと、学習を通じてチームで競う能力を養うために行っています。まず2年生・3年生全員に5分のプレゼンテーションと5分の質疑を行わせます。そして上位5人を選定し決勝に進めます。最終的に残るのは2年生5人と3年生5人の合計10人となります。そして、5対5で団体戦を行います。イメージは柔道競技に似たような感じです。2年A対3年A、2年B対3年Bというように対戦ごとに点数化してジャッジしていきます。

真の狙いは　4年生が次の段階に進めるようにアシスト

狙いは企画書なので述べましたように要約技法につなげていますが、真の狙いはチームビルディングです。各チーム15名としましょう。選ばれるのは5名なので10名が落選してしまいます。残り10名は傍観者になります。成り行きを見守るのも学習になりますが、ここはいかに参加させるかを考えます。難しいことではありません。次のステップをチーム競技にすることで5名を勝利に導くために10名が力を貸す構図にすれば自然と15名対15名の対戦が成立します。

最強の4年生がコーチング

さらに、一つ工夫しています。それはコーチングです。4年生はジャッジに入っている者を除くとやはり10名程度残ります。これを半分にしてそれぞれ学年のコーチをさせています。そんなことできるのか、と思うかもしれませんが、様々なコミュニケーション技法を体験し経験している4年生は、

ゼミ企画コンテストです。個人戦は3年生、団体戦は2年生の勝利でした

基礎的なことは充分マスターしています。述べてきた通り、4年生が2年生のワークショップを日常的に行い、ふりかえりシートから、私よりよい評価を得ていることからも分かります。この点はあまり自慢にはなりませんが。さて、4年生の最強コーチが各チームの残り10名を役割分担し、対戦に臨みます。盛り上がらないわけがありません。戦略を立て学年を超えたチームが見事に一丸となって動きます。

授業を関連付ける

新入ゼミ生に行っているゼミ恒例の△ワークで、1人の時には不正解であったものがグループで考えると正解となることがあります。グループは「人の弱みを中和する」ということにつなげます。これをマネジメントの授業に関連付けし、ドラッカーを読ませる動機付けにつなげていきます。するとマネジメントとチームワークが関連付けられ、チーム強化につながると考えています。このようなことは全ての科目に関連付けることが可能です。

職業選択とゼミは関連付けない

よく就職活動状況のことを聞かれることがあります。なぜか「就職状況がいいでしょう」「早々と全員就職できているでしょう」「いいところに決まっているでしょう」などなどきりがありません。学会の質問でも同様です。学内の学生からも「就職率がいいみたい」とか噂があるようです。一つは私が企業経験を持っていて多少顔がきくことが噂の原因かも知れません。しかし、この活動が職業選択に関連付けられることに、若干ですが違和感を持っています。キャリア理論を勉強された方はご承知と思いますが、自己効力感はキャリア探索を規定するものの一つとして研究が行われています。要するに職業決定の過程に自己効力感が低ければ「私にはこの課題は達成できないと思う」となります。この場合自分の能力が不足していると思う仕事は避ける傾向にあり、次第にその行為そのものを狭めていきます。このように考えると職業選択や職業決定に関係していることが分かります。しかし、私はこの活動の中で職業選択という用語はこの6年間一度も用いていません。ただし、マーケティング関連の授業の中でＡＩＤＭＡの法則を意識して文章を書きなさいと指導しています。この法則を使えばエントリーシートを書くときに使えます、という感じです。また、調査報告書には要約技法が必要なので、これもエントリーシートに応用できる、としています。

キャリア探索　ＰＤＣＡ

連携事業は精度を追うととても複雑になり、学生への負担が大きくなります。例えば時間的な負担です。繁忙期は毎日のようにＰＤＣＡサイクルを回すワークが彼らから楽しい時間を奪い去ります。しかし、その対価として、ビジネス文章的なものが多く発生してくるため、自然と文章力などが鍛えられます。彼らが作成している議事録は一般企業のものとそう変わらないものです。この場合も職業選択などに応用できるような期待を持たせたことはありません。いま行っているモノやコトがなぜ必要なのかを経験させることで十分スキルとなります。よって学生は決してキャリア探索に関する意識が特に高いわけではありません。活動で経験する内容が社会で行われているコトと同様なため、最終的に経験学習の結果が職業選択時に少し影響しているように考えています。

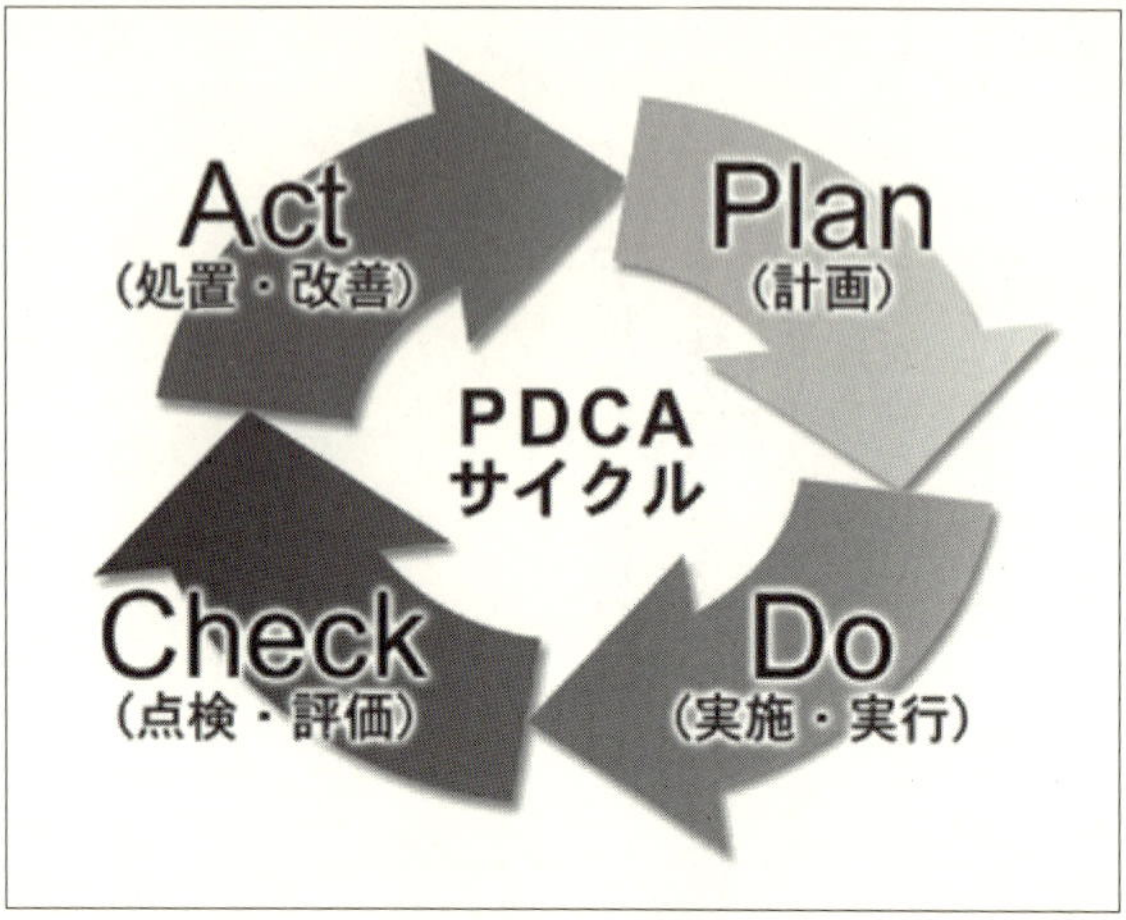

職業選択と自己効力感

自己効力感は職業選択に影響していると思います。しかし、最初からキャリア探索のためにプロジェクトを関連させるような運営は、若者の強みである創造性を狭めてしまいかねないと、私は今までの経験から考えています。２００８年ぐらいまでは就職実績を下級生に配布するなど職業選択に関する情報を積極的に提供してきました。特に観光サービス業から社会人講師を積極的に招聘することなども行ってきました。かなり専門的なコトやモノに触れることから職業選択の際には特定分野を選択する学生が多くいました。もちろん志望と結果は異なるので全員が観光サービス業に就いているわけではありませんが、現在と比較すると多かったことは確かです。現在ではメーカー志望の学生もいればＳＥに就く学生もいます。上級生が航空会社の客室乗務員になった、あるいは有名企業に内定した。これらは動機付けの一部になっていると考えることはできますが、非常に少ない率であると考えています。なぜならば、彼らが用いているふりかえりシートや様々な文章の中に、職業選択とゼミ活動を結びつけるワードはほとんど見当たらないからです。

多様な現代社会では広角的な情報提供と主体的選択が適しているのかも知れません。

ベース作りの強化も上級生がつくる

先生そろそろ2年生のゼミの選考時期ですね、と4年のゼミ長から私向けにフォローがはいりました。そうか、もうそんな時期かという何とも情けない発言に、どうしますか?と私に課題を与えてきました。4年生との間には毎年この時期になると、指導教員と学生の逆転現象が起きます。良好な逆転現象であることを付け加えておきます。

私「よくうちを選ぶね」

4年生「そうですね」

以前にも書きましたが、ゼミのミスマッチを防ぐため、必ず時間と手間をかけて説明会を行っています。手間は上級生が負っているので私は何もやることはありません。当日は来なくてもいいですよ、と言われることも珍しくはありません。総務担当学生が大凡のプランを立てる。教室の確保は以前教務課に気遣いし、私が行っていましたが、最近はこれも学生が行っています。先生教室は○○ですと報告があります。教務課もうちの学生の申し出なので快く対応してもらっているように見えます。こ

ゼミ説明会で行われたディベートです。愛と金はどちらが大切か？　左が4年生、右が3年です。結果は4年生の勝ち！

こにも良質な関係性を構築している効用が現れています。もちろん信頼関係は今日明日にできたものではありません。さて、今年はどんな手法で説明会を行うのか？と4年生に質問すると「ディベートです」と即答しました。

「ディベート？　あれを昼休みに行うの？」

「あれを見せるの？」

「あれを見せて後輩が入ってくるかな？」

そんな、弱気な私の発言に、

「やる気がない学生が来ても続かないし、活動が滞りますから」

なるほど私が2年生の時に連携事業と責任という話をした内容とそっくりなことを4年生が発言。何とも頼もしい限りです。ゼミ決めには噂が飛び交います、私の所に入るとアルバイトはできないし、毎日のように課題があるし、そして人前で発言を求められます。昔厳しい躾などで問題を起こした○○スクールのようなイメージを抱いている学生も少なくないようです。ましてやそこに最近綱引きを行っている。となるともはや何のゼミなのと寄り付かないと通常は思います。しかし、そうではないところが学生力なのかも知れません。

自己概念

スーパーの理論について述べる場ではないので、ここは自己概念という用語を学習にどう応用しているのかを解説します。自分とは何か・自分の存在・自分の得手不得手・自分はどうなりたいのか・他者は自分をどう見ているのか。これらをゼミ当初に考えさせます。インフォーマルアセスメントのカードソートなどを用いたりしています。自己を見つめる、簡単そうで経験が少ない学生には難題です。ですから簡単なアセスメントを用いて考えるきっかけ作りをしています。自己探索や自己理解はチームの中での適正につながっていきます。

これまで述べてきたように、ワークは一定の域までは誰でも同様に行うことができます。しかし、その域を超える必要が生じた場合、そこから先は適正の域に入ります。自己概念が形成されている場合はこの適正配置が容易にできることが観察されています。逆に自己概念が形成されていない場合、または未熟な場合は適正に関する不協和音が起こります。概念なので難しいところがありますが、ゼミ初期の最終レポートはこの自己概念としています。

Tug of war（綱引き）②

綱引き①で少し触れましたが、なんで綱引きなの？　ゼミで行う意義はあるのか？　これは学習になっているのか？　さぞ疑問だらけだと思います。

さて、綱引きは元オリンピック競技で伝統的な競技であり、世界大会も行われています。一般的に綱引きは運動会の時に校庭で行う、楽しいイメージですね。ところが違うのです。全く違います。多くのスポーツ競技がある中でかなりハードな部類に入ると思います。

写真を見てください。なぜハードか文章で伝えるには難しいところがありますが、8人全員が同時に体重移動を行い、上腕部と倒れこむ姿勢を維持するためには下半身への負担がかかるのです。姿勢を維持しながら脚力と体重移動で後方へ引いていきます。おかげで手のひらには豆ができ、擦り傷やロープが腰に食い込むので痣になり、痛々しい限りです。しかし、表情を見てください。とても活き活きとした表情が溢れています。

3年生チームｈｐａ（ヘクトパスカル）です。女子チームですが、非力ではありません

いままで国や自治体との連携事業を中心に行ってきましたが、使命感に燃えて一生懸命行っている表情とまた異なる表情です。チームビルディングのアクティビティとして行っている綱引きですが、机上の環境とまた異なる学習効果をもたらしているのではないかと考えます。学習効果に関して答えがでるのはまだ時間がかかりますが、アクティブ・ラーニングとは様々な学習形態の組み合わせにより更なる効果を引きだすのではないかと考えています。

最強チーム登場　一人の100歩より100人での一歩

チームZOOを紹介しましょう。チーム特性のところで少し紹介しましたが、このチームZOOには特別な事情があります。指導教員不在で3年次を経てきたということです。ゼミは解散、開講しているゼミを新たに選択しバラバラに、しかし、チームは解散を選択しませんでした。その間、架空のゼミを作り、毎週きちんと指導教員がいないゼミを行い、報告書を私に送ってきました。ほとんど指導らしいことはしなかったし、できるわけがありません。しかし、する必要はなかったのです。そのくらい彼らは完璧でした。そして、連携事業を推進したのです。ゼミ長にはかなりのストレスがあったことは想像できます。

なぜ、彼らはそこまでして険しい道を選択したのか。この答えは意外と近くにあります。それは上級生の姿です。彼らは上級生が難しい課題に果敢に挑み、成果をあげてきた過程を目の当たりにしています。目的と目標を達成することで、励ましである社会的説得や、周囲からの評価である社会的成果をうけ、人が変容することを近くで観察してきました。ですから肯定的な自己効力感である私にもきっとできる、ということにつなげることで動機付けされたため継続できたのだ

最強のチーム ZOO です

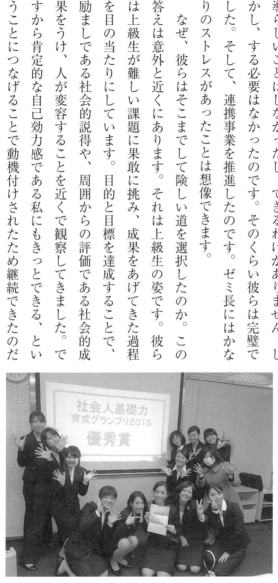

と考えます。

しかし、気持ちだけで高度な課題へ挑むことはできません。基礎が必要です。異なる分野の文献を読み、学習し、応用し、専門知識と関連付ける。まさしく社会人基礎力の能力の全体像が実践されているか否かが問われます。また、課題が見えない無形なので課題発見、探求能力が必要です。これらの能力が優れていたかどうかは、なんとも言えません。私からみれば毎年同様の学生にみえます。しかし、どこかが違うため成果を出しているのでしょう。

まず、リード役のゼミ長にはニックネームがついています。名前が真梨子で、その下に様がついて真梨子様です。何か君臨しているようなイメージをもたれると思います。ゼミの意思決定はゼミ長の仕事です。時には強権を使うこともあります。重大な箇所を自分たちで迷いながらも決めていく過程で、ゼミ長が〝そうしよう〟としたことが幾つかあったので様が付いているようです。しかし、リーダーとして強いリードを必要としないのがこのゼミの風土です。歴代ゼミ長はリード役よりフォロワーのタイプが多く、ゼミ長をカバーしているのが小集団の中のリーダーです。この構造がチーム力をより強固にしています。信頼できる強いチーム力はワークを分散できるのでトップのリード役には観察できる時間ができます。ゼミ長から余裕ができた、という言葉は聞かれませんが、私の観察では、そのようにみています。彼らは課題解決を通じて一人の100歩より100人での一歩の大切さに到達していたのかもしれません。ここにこのチームZOOの力強さがあるような気がします。

アクティブ・ラーニングは少人数教育？

アクティブ・ラーニングが少人数教育に適合しているように書かれている場合があります。生徒、学生が１００人より10名の方が授業運営しやすいかも知れません。しかし、大勢の授業に適さないということはないと考えています。その事例報告をします。対象は本学大学学科の１年生１１３名です。前期・後期の通年で行っています。形式はグループワークです。10チームで構成し、１チーム10名から最大12名となります。関わる先生は２名と、サポートとして３年生が４名から多い時には10名が関わります。

上級生を課題解決型学習の実践演習として参加させる

このサポート学生はＴＡではありません。私が関わっている学生で関わり技法、ファシリテーション技法、プレゼンテーション技法などの実践演習の場として部分的に関わらせています。授業内で関わることが初めての場合は、いろいろできないことが顕在化してきます。

１００名の1年生に挨拶し認識させ挨拶を返させることは難しい技です。おはよう、と言っても無視されたとかブツブツ話しています。それではきちんと関わってみようと、教室に入ってくる

1年生113名が参加している通年授業です。基本的には全てがワークショップで構成されています

1年生にまず自分を認識させ、挨拶というサインを送ってみよう。そうすれば改善できることを体験していきます。そんなことからスタートして1年生のどこを観れば何の情報が入手できるか観察学習につなげ、プレゼンテーション技法に関連付けていきます。

関わり方のポイント箇所は前期・後期の総合課題解決のプランニングをさせています。1年生を観察し分析し、課題を設定しています。

共に助け共に成長しよう　ほめない先輩

写真はゼミの励まし行動です。上級生はあまり**ほめません**、しかしよく**励まします**。上級生はほめ

ほめない上級生

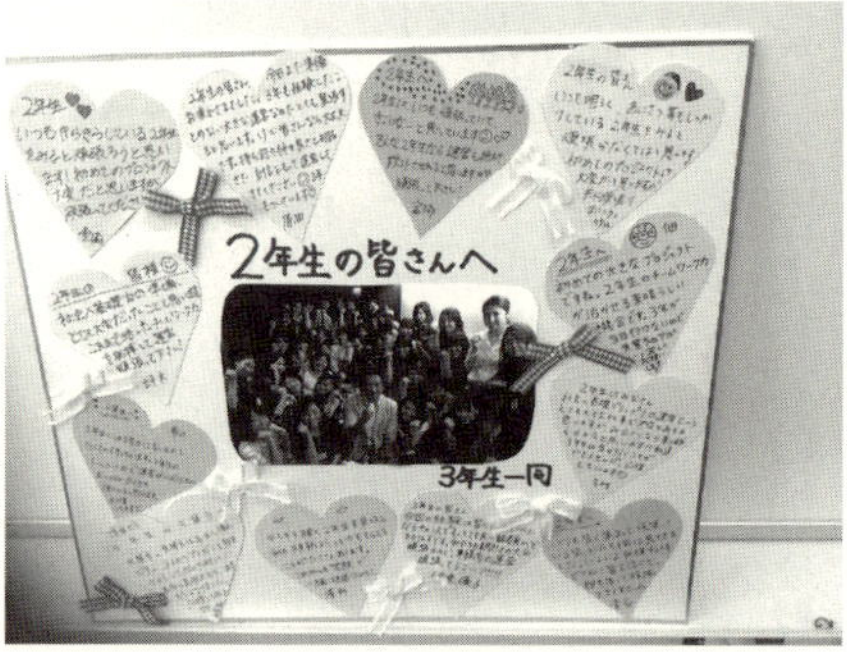

3 年生からの励まし

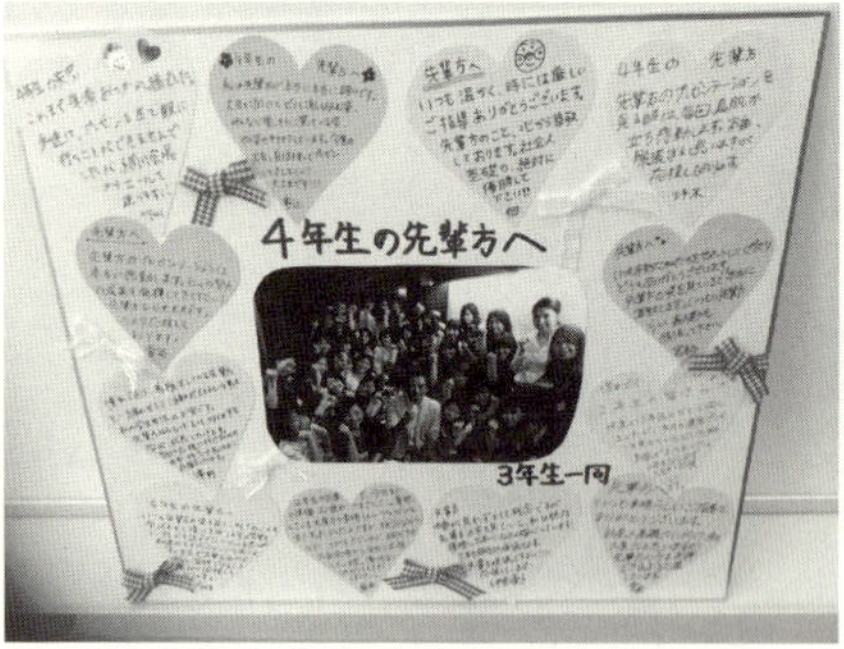

3 年生が 4 年生を励ましています

ることの意味と励ますことの意味を理解して、使い分けています。これが共感を生むことにつながっています。

ビジュアル・ストーリー型プレゼンテーション技法

最後にゼミで強化してきたビジュアル・ストーリー型のプレゼンテーション技法について触れておきます。この箇所は全て書き上がると一冊になるくらいボリュームがあるので、要点を述べることにします。ビジュアル・ストーリー型って何?と、疑問を持たれていると思います。分解して説明します。

プレゼンテーションはPPTを一生懸命作ることではありません

多くの生徒や学生の皆さんはプレゼンテーションを作ってくださいと投げかけるとパワーポイント（PPT）のスライドを作りだします。分かりやすくしようとPPTのスライドにアニメーションをいっぱいつけ一生懸命作成します。一生懸命作っているのですからそこは評価できます。しかし、一生懸命さと聴衆を説得できるものになっているのかは別ものです。

ビジュアル効果

さて、私のゼミでは全てにジャッジを置き、学生同士が互いに評価しあう方法をとっています。ですから、ふりかえりで視覚的効果が大きいことに気づきます。口頭だけの発表者よりPPTを用いたプレゼンテーション者の方が分かりやすく感じ、また、内容がそんなに変わらなくても点数の入りかたが異なります。これがビジュアル効果に対する気付きとなり重要性を認識します。もちろん精度を上げ相応の評価を得るには、細かな視点でＰＤＣＡを何度も回転させる必要があります。

観て比較する

そこで役立つのが上級生や他校のプレゼンテーションデータです。観て比較できる素材が次のステップに大いに役立ちます。「なるほど、手の動きはいいね、主人公が発表者になっていてだめだね、スライドとの整合性がないね、スライドが読めないし聴衆者のことを考えていないね、原稿は持たない方がいいね……」などいろいろな意見がでます。幸い私の所にはさまざまなタイプのプレゼンテーション動画が保存され視聴覚教材となっています。そこでレベルが高いものと比較させることである違いが発見できます。

ストーリー性

それがストーリーです。例えば課題解決型のプレゼンテーションでは、一番目に状況の説明や背景などを設定。二番目には失敗でモチベーションが低下するなどの葛藤。三番目は、苦しみ抜きながらも解決に導いた充足感。これがストーリーです。比較するものが身近な自分達の上級生のものであれば自己効力感は高まり模倣しようとする動きにつながります。

精度を上げるには練習しかない

最初は文章を要約し、簡潔にできる限り正確な情報を伝えることから始まります。次の段階で口頭による発表を行い、説得力を体験させます。さらに、視覚効果を体験させます。そして、感情に訴えるようなストーリーを設定します。これでステップ1の基礎編は終了です。授業回数でいえば6回程度です。ただし、チームZOOのような高度なプレゼンテーション技法をマスターするには、学生の場合最低でも授業回数15回と課外が必要だとここまでの観察で感じています。

後ろで矢印を下に丸を上に、これは顔の向きを指示しているものです

丸印を掲げて目線を修正しています

チームで作りあげるグループ学習

以下はプレゼンテーションを効果的に作りあげていく過程で行っている項目です。発声、姿勢、ジェスチャー、原稿、記憶とストーリーの関係、質疑対策（想定問答）、視線、PPT文字構成、速度、タイムキーパー、総合分析、PPTデータの構成、PPTの色彩、発表時

間、聴衆者、人選、身嗜み、審査分析、会場環境など、これが普段の練習過程で行われているものです。これをチームで運営しています。狙いは傍観者0です。チームのメンバーが全て役割分担し、一つの目標に向かうという構造になっています。例えば、プレゼンテーションを行う学生は原稿を作りません。マーケティンググループが担います。PPTも同様でスライドグループが担います。さらに足の運びかた、スカートなのかパンツなのか、発表者に適応したものをアドバイスする振付担当の学生もいます。要するに発表する学生は発表することに関してのみ集中させるようにしています。この方法はチーム力さえ作りあげておけば、学生や生徒は主体的、能動的に作りあげていくため、グルー

4年生チームが学内の研究会で発表しています

トレーニングを積むことで緊張感はある程度克服できます

プレゼンテーション能力を成績にすればAA以上です。実際はありませんが、彼らの能力はAAA＋です

プ学習に最適だと考えています。

おわりに

夜空の向こうの朝の気配にわたしはなつかしいあの日々を思い出す

これは東日本大震災復興支援ソング「花は咲く」の歌詞です。若者という、夢がいっぱいに詰まった蕾を咲かせるためのエールにふさわしいと思い引用させていただきました。若者を迎える現在の多様な社会は決して彼らにとって生きやすい社会ではありません。彼らというか人間にとって生きやすいとは言えないと思います。ですから私たち大人の課題は彼らにあと15分いや5分でもいいから、寄り添い、そして若者という貴重な蕾をどう咲かせるか共に歩むことが必要です。いま途中で枯れてしまうことがしばしば見られます。咲かずに途中で枯れてしまうようなことは決してあってはなりません。こんな悲しいことはありあせん。無責任な即戦力は止めましょう。見て覚えろ、も止めましょう。採用したからには責任をもってキャリアを付けさせてください。もちろん私たち教員も社会変化を意識しながら教育を行っていきます。まだまだ私たち大人はその責任をきちんと果たしているとは言い切れないと思います。若者の意欲を喚起させ、夢を実現させる力が不足しています。大学と地域、企業が絆を作り育成していく仕組みが必要です。その仕組みがあれば、彼らは面白いように育ち変容します。彼らのために、未来が見える社会を作らなければなりません。花は咲く、花は咲く、いつか恋する君のために、手をとり頑張りましょう。

「先生、私結婚します。結婚しても仕事は続けます。このごろやっと面白くなってきましたし、頑張ります」

卒業生がこんなことを報告に来てくれることを祈るばかりです。

【参考資料】

「激動社会の中の自己効力」アルバート・バンデューラ（編）2013年　金子書房
「弱みを強みに変える本気が目覚める課題解決型学習」浮田英彦他（共著）2013年　梓書院
「社会人基礎力育成の手引き」河合塾（製作・調査）（著）経済産業省（編集）2010年　朝日新聞出版
「その幸運は偶然ではないんです！」J・D・クランボルツ　A・S・レヴィン（著）2012年　ダイヤモンド社
「考える力を伸ばす教科書」渡辺三枝子　岸本光永（著）2010年　日本経済新聞出版社
「企業文化―生き残りの指針」エドガー・H・シャイン（著）2004年　白桃書房
「D・E・スーパーの生涯と理論」全米キャリア発達学会（著）2013年　図書文化社
「『深い学び』につながるアクティブラーニング」河合塾（編著）2013年　東信堂
「キャリア開発と統合的ライフ・プランニング」サニー・S・ハンセン（著）2013年　福村出版
「キャリア・アンカー」エドガー・H・シャイン（著）2011年　白桃書房

女子大生のパワー全開！

～ゼミでのアクティブ・ラーニングの試み～

日野 資成

はじめに

2007年度にスタンフォード大学での海外研修から帰国して、ごった返しの研究室を片付けていた時、昔読んだ魯迅の『藤野先生』の文庫本を見つけました。『藤野先生』については、うろ覚えでしたが、確か魯迅が慕った先生の話だったと思い出し、もう一度読み返しました。

魯迅は、仙台にある医学専門学校に留学し、講義をいくつか取っていました。講義が始まって一週間過ぎた日、藤野先生は魯迅を研究室に呼びます。以下に2人の出会いの場面を引用します。

藤野先生「わたしの講義を君はノートすることができますか」

魯迅「少しできます」

藤野先生「持ってきて見せなさい」

わたしが講義ノートを差し出すと、彼は受け取ったが、二三日すると返してくれた。そして、これからは毎週持ってきて見せるようにといった。持ち帰って開けて見たとき、わたしはあっとおどろき、同時に一種の不安と感激とを覚えた。わたしの講義ノートは始めから終わりまで、すっかり朱筆で添削してあったばかりか、たくさんの抜けている部分が書き足してあり、文法のあやまりまでいちいち訂正してあったのだった。このようなことがずっと、彼の受け持っている学科の骨骼学、血管学、神経学の講義がおわるまでつづいたのである。

魯迅が一生懸命ノートを取り、そのノートに藤野先生もとことん朱を入れる。そんな2人の様子が頭に浮かんできます。学生と先生のどちらも、互いに主体的に働きかけ、高め合う。アクティブで双方向の教育だなと思いました。

大学の大人数の講義（70名から100名程度）でも、一方通行でなく、双方向の授業が、しかもノートを使ってできないものかと考えました。そこで、ノートテイキング用レジュメを毎回配り、魯迅のように学生にノートを取ってもらい、ノートを回収し、チェックして返すことにしました。私がチェックするので、学生はよりアクティブにノートを取るようになりました。

次に、小人数のクラスでは、アクティブに書くだけでなく、学生がアクティブに授業を運営し、発表できるようにできないかと考えました。

そこで、2013年度から3年生のゼミ（現代文化演習）において、浮田（2013：8－47）による「社会人基礎力　日本一を目指すゼミ運営」を参考にしてゼミ運営を始めました。2014年6月に、3年のゼミ生によるプレゼンテーションを公開した時、出席した浮田氏より「これはアクティブ・ラーニングだ。学生が生き生きと発表している」という感想をいただき、本書の共著者の1人に加わることになりました。

アクティブ・ラーニング（Active Learning）とは、「能動的な学習」と訳され、課題解決型学習をさらに教育の現場で生かすための取り組みで、溝上（2010：44）は「課題研究やPBL、ディスカッション、プレゼンテーションなど、学生の能動的な学習を取り込んだ授業を総称する用語」と定義しています。

しかし、アクティブ・ラーニングといっても、最初から「今日の授業は君たちに任せた。なんでも自由にやりなさい」といきなり言ったとしたら、学生はとまどってしまうでしょう。初めはこちらで何もかもお膳立てをし、半ば強制的に活動をさせる必要があります。曽野（２０１２：39）は教育について、「いくつになっても初めてやることに関しては全部強制の形を取ります」と述べ、浮田（２０１３：24）も「初期段階の幾つかの場面では、彼らの意識を全く介入させず、一方向的にアドバイザーの経験知で進めています」と述べるように、「教育で強制はいけない」ではなく、**教育も特に初期の段階では「強制しなければいけない」**といえます。私も２０１３年度と２０１４年度には、3年のゼミ生に学内で公開プレゼンテーションをさせました。学生は、初めは「なぜこんなことをしなければいけないのだろう」とあまり気が進まない様子でしたが、２０１４年度の前期と後期の終わりのアンケート（前期７月24日実施、14名。後期12月４日実施、15名）では、**「チームによる公開プレゼン」の満足度（5点満点）は、前期4・28から後期4・53まで上がり、後期は15名中10名が5点満点でした。**後期アンケートのこの項目の自由記述には、「いろんな先生から評価をもらい、とても勉強になった」「先生方の視点からアドバイスがもらえてよかった」「回数を重ねるごとによくなっているのがはっきりわかった」「何度も繰り返しプレゼンし、内容を深めることができた」「緊張するけど、自分たちのためになった」（2名）などの前向きなコメントが多くありました。このアンケートは、学期に1回行われる「学生による授業評価」と同じく5段階評価で、学生1人にゼミ生分のアンケート用紙を渡して、回収後メールボックスに入れるよう指示してから教室を退出するという方法で行いました（本稿の最後のアンケート用紙を参照）。

私のゼミのテーマは「比較文化」です。二つを比較することで、それぞれの違いや共通点が見えてきます。私もアメリカに留学してアメリカの文化に接し、アメリカ文化と比較することで日本文化をより明確にとらえることができるようになりました。

現代文化学科では、学生にゼミ希望のアンケートを取り、学生の希望を尊重しながらゼミ振り分けをしていますが、私のゼミには比較文化に興味を持つ学生が集まってきます。私の3年ゼミの学生数は、２０１３年度は21名、２０１４年度は15名です。

本稿では、２０１３年度と２０１４年度に3年ゼミで行ったアクティブ・ラーニングの実践報告をします。

かかわる・やってみる

ここでは、アクティブ・ラーニングの準備段階としての導入方法を順を追って述べます。この過程の中で、学生同士が働きかけ、かかわりを持つようになります。アクティブ・ラーニングの留意点についても述べます。

1　アクティブ・ラーニングの導入

その1（準備段階）：ゼミ生みんなが親しくなる

２０１３年度の３年のゼミは学生数が21名だったので、１グループあたり5名ないし6名で四つのグループを作りました。２０１４年度は15名で、１グループ5名で3グループを作りました。最初の方の授業では、毎回メンバーを代え、日米の文化比較をテーマにグループワークを重ねています。何回かグループワークを重ねてから、ある時にはグループで自己紹介ゲームをしました。これは、１分間で自己ＰＲをしたあとに、２分間で他の班員が質問を浴びせかける、これを全員が終わるまでやるものです。

このようにグループワークを重ねるうちに、次第にクラスのメンバーがお互いのことをよく知り、何でも言えるような雰囲気ができてきます。グループ（チーム）ワークについての満足度は２０１４年前期ですでに４・36、後期は４・66まで上がりました。

その2：グループリーダーの決定

グループで話し合いをするとき、どうしてもまとめ役が必要になります。数回（5回程度）グループワークを重ねたあと、アドバイザーの経験知でここぞと思ったときにグループを固定させます。そこで、グループリーダーとサブリーダーを決めます。このとき、**ジャンケンやくじ引きではなく、必ず話し合いで決めるよう促します**。グループで話し合いをした結果、グループリーダーが決定しました。２０１３年度は４グループから４名、２０１４年度は３グループから３名です。リーダーが決まったら、リーダーを中心にグループ名を考えさせます。また、なぜそのグループ名にしたのか、理由も述べさせます。

その３：ゼミリーダーの決定

次に、グループリーダーを呼んで、これもまた話し合いにより、ゼミリーダーとサブリーダーを決定します。ゼミリーダーが決まると、事務連絡などがゼミリーダーを通じてゼミ生全員に伝わり、その後の授業におけるディスカッションなどでもゼミリーダーが司会進行するので、クラス運営がスムーズにできるようになりました。２０１３年度のリーダーはみんなの意見を取り入れながらまとめていくタイプ、２０１４年度のリーダーは強いリーダーシップで率いていくタイプで、どちらもゼミリーダーにふさわしい学生が、学生によって選ばれました。

その４：グループからチームへ

グループが固定し、グループ名も決まり、グループリーダー、ゼミリーダーが決まると、グループをチームと呼び換えます。グループリーダーもチームリーダーと呼び換えます。グループとは学生同

士がおしゃべりする「インフォーマル」な集団ですが、**チームは「フォーマル」な集団です**（浮田２０１３：33）。フォーマルな集団とは、聴衆が見ている前で公開プレゼンテーションができる集団です。**チームを単位としてゼミ運営を始めると、出席率が高まり、ゼミ生全員がほぼ皆勤になりました。**これは、チームに対する所属意識が学生に生じ、チームに対する責任が芽生えるからだと思います。社会人になれば、会社に対して、また社内の所属部署に対して責任が生じますので、**チームで協**

力し合う経験は社会人になったときに必ず役に立つはずです。写真は、２０１４年度の15名の３年ゼミ生が三つのチームに分かれてプレゼンの準備をしているところです。

その５：チームリーダーミーティングの開催

３年生のゼミは毎週木曜日にあるので、チームリーダーミーティングはそれよりも前に行いました。しかし、２０１３年度は必要に応じて不定期に行っていました。２０１４年度からは火曜日の昼休みをミーティング日と決め、毎週必ずミーティングを行い、その週のゼミの計画を立てたり、チームの活動を報告してもらったりしています。ミーティングはゼミリーダーが進行係です。**チームリーダー同士であらかじめ綿密に相談することで、ゼミ当日はチームリーダーからチーム員への指示も明確に伝わり、ゼミがよりアクティブになりました。**この過程の中で、チームリーダーもリーダーとしての自覚が高まり、チームをリードできるよう成長しています。写真は、２０１４年度３年のチームリーダーミーティングです。

2　アクティブ・ラーニングの留意点

①操作する必要性

２０１３年度はチームリーダーに問題はありませんでしたが、２０１４年度は、チームリーダーが決まって1週間後、一つのチームのリーダーが「私には重荷なので辞めたい」と申し出てきました。話し合いの過程がよくなかったのでしょう。そこで私は、そのチームの中から別の学生を指名し、２人とチーム員の合意のもとにリーダーを交代させました。その後は指名した学生がリーダーとしての役割を果たしています。浮田（２０１３：24）はこのようなアドバイザー（教員）の介入を「操作」と呼んでいます。「指導」よりもふさわしいことばだと思います。

②授業外でのチームミーティング開催

正規のゼミの時間の中でも、チームに分かれてディスカッションする機会を設けましたが、それだけでは時間が足りません。特に1週間前に「来週までにチームでプレゼンをするように」という指示をよくしましたので、チームごとに**ゼミの時間外でミーティングを開く必要**が出てきます。**チームのミーティングには研究室が最適**です。ちょうど一つのチーム（5名か6名）が入れて、コンピュータもあるので、パワーポイントの準備もその場でできるからです。私は**ゼミリーダーに合鍵を作って渡**

し、いつでも研究室を使えるようにしました。２０１３年度はごくたまにしか利用していませんでしたが、２０１４年度に入ると、チームが頻繁に研究室を使うようになりました。写真は、上からチーム「先輩」、チーム「ＫＩＫ」、チーム「僕たちいくみん」です。

２０１４年度後期の満足度調査では、「チームによるミーティング」の満足度は４・66で、「集まる時間を見つけるのは大変だったが、それぞれのチームが時間を見つけ、よく活動できていた」というコメントもありました。

みる（観察する）

２０１３年度から初めて2年生のゼミ（基礎演習、後期のみ）も担当することになり、２０１３年度、２０１４年度ともに2年生（後期）、３年生、４年生のゼミをすべて担当しています。学年を越えた縦の交流はアクティブ・ラーニングにとって重要です。**上級生が下級生を指導する機会を作ることで、学生は一段とアクティブになるからです。**以下に、三つの例を紹介します。

1　3年ゼミに4年ゼミ生を呼ぶ
（3年生が4年生をみる）

２０１０年度から毎年、４年のゼミ生のうち内定の決まった学生に3年のゼミに来てもらい、懇談

会を開いています。写真は、２０１３年度（上）と２０１４年度（下）前期に開いた懇談会です。終始和やかな雰囲気で会話が進みます。

懇談後の集合写真（２０１３年度（左上）と２０１４年度（左下））でも、みんな生き生きとした表情を見せています。

２０１４年度前期の３年ゼミ生へのアンケートでは、**「内定学生との懇談会」の満足度は5・0、全員が5の評価で満点でした。**

４年生は３年生にとって１年先輩ですが、**1年先輩は学生にとって最も身近な目標になります。**毎年３年生の中には、あこがれの４年生を見て、来年は私も内定を決めて

3年のゼミに来ようと思っている人もいます。

2　3年ゼミに2年ゼミ生を呼ぶ（2年生が3年生をみる）

2013年度の後期から、3年のゼミ生によるプレゼンテーションを2年のゼミ生に見せるようにしました。上の写真は、2014年度後期に、3年生と2年生が意見交換をしているところです。

中央前にすわっている3人が2年生です。ゼミリーダーは、初め教室の端にいた2年生を最も見やすい中央前の位置に移動させました。その配慮には感心しました。

もう一つの下の写真では、2年生からの質問に応じて、3年生（奥の方の学生）がスクリーンを使ってコンピュータグラフィックのやり方を説明しています。全員が真剣にスクリーンに注目している様子がわかります。

3年生が2年生にプレゼンのノウハウを教えるというアクティブ・ラーニングが実現しました。

3　ゼミリーダー懇談会

２０１４度後期は、２年生から4年生までゼミリーダーとサブリーダーが揃ったので、リーダー全員で懇談会を持ちました。下の写真は、手前が4年生、左上が3年生、右上が2年生です。４年生が上座に座り、先輩と後輩の関係が現れています。

話題は、卒業論文やゼミ運営のノウハウなどでした。たとえば、「卒業論文のテーマはいつごろから決めたらいいですか」という3年生の質問に対して、４年生は「早ければ早いほどよい。一度決めたらテーマを変えずに一貫して追究すること」と答えていました。また、「司会をしていて、個人別プレゼンのあとになかなか意見が出てきません。どうしたらいいですか」という2年生の質問に対して、３年生、４年生は「まず自分が意見を言ってきっかけを作れば、そのあとに意見が続く」と答えていました。３年と2年のゼミリーダーは、その後のゼミで、この時話し合った内容をゼミ生に確実に伝えていました。頼もしい限りです。

つなぐ

ここでは、ゼミ生が一丸となって協力し、絆を深めた学園祭（葡萄祭）への参加を紹介します。

学園祭で何を作って売ろうか。どうしたら利益を上げることができるだろうか。これは、学生がアクティブに議論できる最適なテーマの一つです。

2010 年度 4 年ゼミ生

2011 年度 4 年ゼミ生

2012 年度 4 年ゼミ生

ゼミ生同士が親しくなると、ゼミ生全員で何かやろうという機運が自然に高まります。３年のゼミ生、４年のゼミ生はここ数年毎年、福岡女学院大学の学園祭である葡萄祭に参加しています。前期のうちに申し込まなければならないので、前期の６月にはゼミ生の話し合いを持ちます。毎年、参加しようということでまとまります。後期に入ると、葡萄祭前のゼミは何回か葡萄祭の話し合いに費やします。そこでも、ゼミリーダーが中心となり、チームを単位として話し合っています。写真は２０１０年度から２０１４年度までの４年ゼミ生と、２０１４年度の３年ゼミ生です。

2013 年度 4 年ゼミ生

2014 年度 4 年ゼミ生

2014 年度 3 年ゼミ生

学生にとって学園祭は、大学生活の中で忘れることのできない思い出の一つになっています。

2014年度4年ゼミ卒業生からプレゼントとしていただいたアルバム集『20人から贈る愛のメッセージ』の中のゼミリーダーのコメントを引用します。「日野ゼミに入って良かったことは多々ありましたが、やっぱり葡萄祭が一番大きかったです。『今年も日野ゼミの出店は盛り上がってますねー』と言われることが本当に嬉しかったです」。

ひらく

2013年度から、3年のゼミ生に公開プレゼンテーションの機会を設けています。学内の教職員に呼びかけ、できるだけ多くの人に来ていただき、プレゼンに対するコメントをお願いしています。公開プレゼンを目指すことで、学生のモチベーションが高まりました。2014年度は、企業紹介プレゼン、アメリカとカナダの比較プレゼン、文化比較プレゼン、パルコとソラリアの比較プレゼンを行いました。ここでは、その中で「1　企業紹介プレゼン」、「2　文化比較プレゼン」、「3　パルコとソラリアの比較プレゼン」を紹介します。

1　企業紹介プレゼン

以下に、導入方法を紹介します。

ユニチカ株式会社

日野資成

会社概要
・設立　1889年
・資本金　263億円
・本社　大阪・東京
・事業内容
〈高分子事業〉
　フィルム（ナイロン・ポリエステル）
　樹脂（ナイロン・ポリエステル・ポリアリレート）
　ペットボトル　リサイクル樹脂
　不織布（ポリエステル・ナイロンスパンボンド）
　カーペット　農業用シート
〈機能材事業〉
　機能材（ガラス繊維・ICクロス・ガラスビーズ・活性炭繊維）　道路標識　空気清浄
〈生活健康事業・その他事業〉
　メディカル（カテーテル・酵素）　衣料用たばこ消臭加工（タバカット）
　機能性食品　サプリメント　健康補助食品
　プラント・技術輸出
・理念・経営方針　暮らしと技術を結ぶことによって社会に貢献する　We realize it!
・歴史　1889年　尼崎紡績誕生
　1918年　大日本紡績（ニチボー）誕生
　1926年　日本レイヨン誕生
　1964年　ニチボー貝塚バレーボールチーム、東京オリンピックで金メダル
　1969年　ニチボー・日本レイヨンが合併しユニチカ誕生
・2013年採用人数　技術系14名　事務系10名
・初任給　20万円　完全週休二日制

＊最新情報（2013年4月10日「産経ニュース」より）
ユニチカは10日、通気性と防水性を併せ持つ「エルベスキャッピングシート」を開発。東京電力福島第1原発の事故で生じた汚染土などを一時的に保管する仮置き場などで使用開始。廃棄物から発生するガスを適度に逃がしつつ、雨水の流入を防げる。

＊求める人材像
グローバルに市場を展開しており、今後、さらに語学力（英語、中国語）が必要とされる。自分の「夢」やユニチカの「あるべき姿」の実現に向け、挑戦し続け、変化を起こす人。

そのために大切な3つ
○バイタリティ　どんな状況でも、信念と情熱を強く持ち、達成するまであきらめない姿勢。
○対話力　相手の意を正しく理解するとともに、自分の考えを的確に伝える力。
○グローバルマインド　ビジネスの枠組みや自分の活動フィールドをグローバルにとらえる思考。

応募方法　「2014新卒エントリー」からエントリー
選考内容　エントリーシート　筆記試験　面接（2～3回）

月間データ

4月

株式欄の見方

【売買単位など】
ー出来ず　　無印は1000株・口
Bは1株・口　　bは1株・口
Dは20株　　Eは50株・口
Gは500株　　Jは2000株
記号に「・」があるものは貸借銘柄。

【単位】
株価の単位は円。記号bの銘柄は

◇高値・安値の白抜き数字は、年初
の権利落ちがあった銘柄は、権利落

住金物	332	290	362	229
Aハイテック	726	636	751	635
AミスミG	2993	2457	2993	2268
A江守商事	1247	1050	1270	929
Aアルテック	208	160	249	160
・タキヒヨー	445	395	474	395
Aスズケン	3845	3210	3845	2450
Aジェコス	912	681	912	576

小売業

Aローソン	7850	6820	7850	5900
Aサンエー	4900	3980	4900	3240
Aキリン堂	722	612	722	568
Aダイユーエイト	669	611	680	611
Aカワチ薬品	2234	1891	2234	1716
AABCマート	3975	3325	3975	3180
Aハードオフ	675	577	704	577
Aアスクル	1758	1290	1758	1137
bゲオHD	1224	1043	1245	885
Cポイント	4895	3925	4895	2930
・CVSベイ	122	84	122	78
Aくら	1749	1511	1777	1207
bキャンドゥ	1796	1390	1796	1037
Aパル	3325	2400	3325	2036
Aエディオン	458	387	470	381
Aサーラ	531	486	531	458
bあみやき	3100	2034	3100	2003
Aひらまつ	738	550	797	550
Aゲンキー	2300	2100	2300	1810
A大黒天	2673	2377	2700	2213
Cハニーズ	1283	1120	1295	1034
Aアルペン	2074	1661	2074	1479
Aクオール	919	817	957	741
Bビックカメラ	44700	41500	46900	41500
ADCM	1010	718	1010	579
Aモノタロウ	2771	2306	2771	2306
・Jフロント	860	661	860	472
Aドトル日レス	1410	1275	1410	1130
AマツキヨHD	2859	2504	2859	2028
AブロンコB	3900	3300	4000	2120
Aスタートトゥ	1589	1144	1589	692
A物語コーポ	3580	2800	3580	1930
AココカラF	3840	3050	3840	2704
A三越伊勢丹	1628	1232	1628	842
AウエルシアHD	5490	4220	5490	2995
AクリエイトSD	4385	3520	4385	2461
A丸善CHI	290	228	340	208
Aブックオフ	717	654	740	654
Aあさひ	1642	1276	1642	1187
C日本調剤	2640	2099	2640	2041
Aコスモス薬	13900	10000	13900	8480
A一六堂	913	531	913	472
A7&IHD	3900	2893	3900	2469
AツルハHD	9840	8450	9840	6950
AサンマルクHD	4865	4005	4865	3100
Aフェリシモ	1224	1065	1224	1018
Aトリドール	1471	884	1471	878
Aクスリノアオキ	7510	6500	7970	4500
Aメディシス	496	408	510	371
A総合メディカル	4615	3120	4615	2915
Aはるやま	768	516	768	475
[illegible]HD	1971	1812	2169	1812
Aライトオン	993	697	993	650
Aジーンズメイト	360	290	399	290
A良品計画	9380	7000	9380	4765
A三城HD	557	478	557	460
Aコナカ	1370	923	1370	591
Aハウスローゼ	1324	1283	1380	1283
AGセブンHD	790	515	790	441
Aイオン北海	499	458	505	410
Aコジマ	353	315	408	282
Aヒマラヤ	1193	815	1193	669
Aコーナン	1237	1113	1237	1052
Aエコス	600	558	604	539
Aワタミ	1795	1650	1813	1650
Aマルシェ	840	773	861	751
Aドンキホーテ	5380	3990	5380	3165
A西松屋チェ	972	737	972	676
AセンショーHD	1299	1122	1310	999
A幸楽苑	1247	1175	1315	1175
Aパークスレイ	790	706	823	655
Aサイゼリヤ	1389	1204	1389	1170
Aポプラ	592	549	592	543
AUアローズ	3820	2900	3820	1950
Aハイデ日高	2115	1900	2196	1643
A京都友禅	1089	971	1216	971
Gコロワイド	987	867	1089	788
A壱番屋	4370	3690	4370	2711
Aトップカルチャ	443	409	443	374
AスギHD	3765	3240	3765	2999
Aスクロール	321	260	321	259
AファミリM	4795	3965	4795	3535
[illegible]	[illegible]	[illegible]	[illegible]	[illegible]

・三井住友トラ	574	410	574	288
A三井住友	4710	3545	4710	3090
・第四銀	414	346	414	272
・北越銀	245	202	245	175
・西日シ銀	328	264	328	210
・千葉銀	797	622	797	507
・横浜銀	629	503	629	407
・常陽銀	607	486	607	411
・群馬銀	642	522	642	421
A武蔵野銀	4750	3370	4750	2795
A千葉興銀	980	800	1070	576
A筑波銀行	525	431	525	305
A都民銀	1400	1032	1400	796
・七十七銀	593	469	593	341
・青森銀	301	265	312	247
・秋田銀	280	247	285	233
・山形銀	499	408	499	378
A岩手銀	4250	3590	4250	3565
・東邦銀	315	277	315	277
・東北銀	172	145	179	139
・みちのく銀	237	201	252	175
・ふくおかFG	535	441	535	338
・静岡銀	1197	985	1197	839
・十六銀	423	349	423	292
・スルガ銀	1742	1358	1742	1053
・八十二銀	700	518	700	427
・山梨銀	490	408	490	356
・大垣銀	370	314	370	285
・福井銀	222	185	227	172
・北国銀	434	360	434	319
A清水銀	3050	2602	3050	2483
・滋賀銀	706	587	706	502
・南都銀	483	411	483	383
・百五銀	514	428	514	377
・京都銀	1070	837	1070	721
・三重銀	241	202	244	191
・ほくほく	232	175	232	127
・広島銀	527	420	527	358
・山陰合銀	870	734	870	605
・中国銀	1720	1395	1720	1181
・鳥取銀	219	185	219	171
・伊予銀	1021	829	1021	679
・百十四銀	426	355	426	316
・四国銀	325	246	325	225
・阿波銀	616	529	616	490
・鹿児島銀	725	616	725	541
・大分銀	388	326	388	286
・宮崎銀	295	250	295	206
・肥後銀	699	552	699	473
・佐賀銀	259	222	259	195
・十八銀	262	230	269	225
A沖縄銀	5290	3850	5290	3400
A琉球銀	1500	1274	1500	1006
A八千代銀	4225	2797	4225	1861
Aセブン銀行	352	274	352	219
Aみずほ	225	185	225	158
・紀陽HD	183	138	183	124
・山口FG	1060	864	1060	760
・長野銀	193	169	195	157
・名古屋銀	479	380	479	303
A北洋銀行	353	282	355	235
A愛知銀	6050	4955	6050	4550
・第三銀	184	166	196	156
・中京銀	216	192	216	187
・東日本銀	266	220	271	193
・大光銀	283	238	283	212
・愛媛銀	260	227	260	222
・トマト銀	195	165	200	160
・みなと銀	190	160	190	150
・京葉銀	607	490	607	381
・関西アーバン	135	112	139	110
・栃木銀	412	328	412	300
A北日本銀	2617	2342	2617	2291
・東和銀	120	100	123	95
・福島銀	93	78	107	76
・大東銀	102	89	108	85
AトモニHD	426	368	433	364
CJPMC	6250	4610	6250	3840
CBAC	1242	1093	1310	950
BCitI	4675	3920	4675	3600
AフィデアHD	257	206	257	195
A池田泉州	547	486	547	475

証券・不動産

AFPG	4580	2720	4580	1099
ASBI	1990	758	1990	639
アジア投資	177	128	182	64
AJAFCO	5220	2941	5220	2322
・大和証G	869	600	869	434
A野村	799	535	799	463
・岡三	1249	770	1249	412
A丸三証	875	581	875	427
[illegible]	[illegible]	[illegible]	[illegible]	[illegible]
bトーセイ	1519	940	1519	490
bNTT都市	1550	1015	1550	813
bサンフロ不	1529	1086	1529	415
Aランビジネス	874	663	900	640
Aグランディ	489	301	489	301
A日空ビル	1521	1153	1521	890

運輸・倉庫

・東武	569	488	569	468
・相鉄HD	392	303	392	302
・東急	814	631	814	482
・京急	1130	904	1130	758
・小田急	1245	1038	1245	883
・京王	839	733	839	643
・京成	1044	901	1053	727
・富士急	950	684	950	494
・新京成	419	375	440	357
AJR東日本	8990	6960	8990	5580
AJR西日本	4775	4055	4775	3415
AJR東海	11980	8990	11980	7040
A鴻池運輸	1583	1355	1778	1312
・西鉄	410	355	410	342
Aハマキョウ	3570	3200	4075	2640
Aサカイ引越	2361	2140	2361	1866
・近鉄	498	403	498	356
・阪急阪神	648	516	648	447
南海	419	373	424	373
・京阪電鉄	443	393	443	380
A名糖運輸	653	590	695	590
・名鉄	312	267	316	232
・日通	532	421	532	352
AヤマトHD	1935	1641	1935	1320
・山九	461	379	461	330
A丸運	259	216	343	205
・丸全運	368	309	376	253
・センコー	557	453	557	381
・トナミHD	227	189	238	177
A日梱運	1594	1289	1594	1030
・日石輸	240	213	300	196
・福山通	564	491	564	435
・セイノーHD	918	742	918	549
・神奈交	741	498	741	463
A日立物流	1594	1401	1594	1242
・郵船	263	217	275	201
・商船三井	419	287	419	256
・川崎汽	237	178	237	134
・ユナイテド海	192	145	196	114
A乾汽船	473	370	484	262
A明治海運	539	425	619	299
A飯野海運	814	606	814	308
・共栄タ	302	234	329	179
・第一汽	138	102	147	74
・JAL	4955	4060	4955	3550
・ANA	213	180	213	176
・パスコ	435	324	435	264
Aトランコム	2954	2296	2954	1810
・日新	297	240	302	212
・三菱倉	1966	1650	1966	1235
・三井倉	698	508	698	325
・住友倉	743	575	743	424
・渋沢倉	650	506	650	265
・東陽倉	319	242	358	207
・トランシティ	397	341	428	315
・ケイヒン	220	171	242	115
A安田倉庫	1267	945	1500	601
・洋埠頭	220	175	240	145
A宇徳	348	290	374	247
・上組	932	816	932	688
Aサンリツ	629	572	670	541
Aキムラユニテ	1028	840	1028	780
Aキユソ流通	983	921	983	911
A郵船ロジ	1142	943	1142	849
A近鉄エクス	3900	3160	3900	2864
A東海運	298	250	345	239
Aエーアイテイー	1430	951	1430	830

情報・通信

ANESIC	2170	1725	2170	1535
Aシステナ	891	753	909	753
Aデジアーツ	1750	673	1750	673
ANSSOL	2145	1722	2145	1506
Aコア	769	703	800	701
AソフトクリHD	1755	1450	1795	1325
Aデジハーツ	2508	780	2508	647
AITHD	1483	1188	1483	1041
Bネオス	70500	50000	70500	50000
A電算システム	1950	1611	1955	1173
Aグリー	1329	1073	1488	1032
Aコーエーテクモ	905	766	978	722
A三菱総研	2198	1911	2198	1771
Aボルテージ	1283	901	1283	857
ADTS	1655	1412	1655	1070
AスクエニHD	1330	943	1330	943
Aシーイーシー	699	586	738	511
Aカプコン	1715	1396	1715	1322
Aジャステック	712	630	712	510
ASCSK	2220	1661	2220	1349
ANSW	465	362	465	339
Aアイネス	799	661	799	557
ATKC	1799	1632	1799	1495
A富士ソフト	2678	2010	2678	1607
ANSD	1132	930	1132	764
Aコナミ	2293	1723	2293	1704
A福井コンピ	769	595	769	525
AJBCCHD	920	791	927	624
Gミロク情報	366	341	383	326
Aソフトバンク	4870	4175	4870	2882

電力・ガス

A東電	491	249	491	182
A中部電	1497	1101	1497	1091
A関西電	1477	844	1477	715
A中国電	1610	1140	1610	1128
A北陸電	1555	1091	1555	960
A東北電	1140	715	1140	651
A四国電	2020	1271	2020	1006
A九州電	1660	880	1660	817
A北海電	1540	923	1540	740
A沖縄電	4070	3050	4070	2672
AJパワー	2812	2288	2812	2011
・東ガス	569	485	569	400
・大ガス	436	387	436	315
・邦ガス	654	561	654	463
・北ガス	260	243	262	235
・西ガス	240	208	240	205
G静岡ガス	802	609	802	571

サービス

・日工営	390	346	424	295
Aネクスト	1072	816	1219	816
A日本M&A	5170	3700	5170	2652
Bノバレーゼ	76000	62400	78500	54500
bアコーディア	1200	820	1200	777
Aタケエイ	4070	2823	4070	1976
Bパソナ	82500	47100	82500	43300
BLINK&M	38500	33000	38500	33000
AGCA	1460	852	1460	831
ASMS	1928	1160	1928	1160
AテンプHD	2180	1465	2180	1047
Aリニカル	2250	1190	2250	770
ACOOKPAD	4020	3505	4020	3505
Aエスクリ	797	667	847	649
Aアイケイケイ	1007	811	1055	805
A学情	490	403	490	291
Aスタジオアリス	1518	1283	1518	1215
AシミックHD	2230	1601	2230	1201
ANECフィー	1331	1097	1331	1026
AALSOK	1580	1260	1580	1079
Aカカクコム	2548	2103	2548	2103
BアイロムHD	13300	5300	13300	5050
Aルネサンス	760	666	793	645
A新日科学	2540	1150	2540	316
Aツクイ	1510	1150	1510	1150
bエムスリー	2479	1700	2479	1365
bベストB	1749	1220	1749	798
Aアウトソシング	883	522	883	353
Aディーエヌエー	2871	2207	3430	2207
C博報堂DY	8150	6530	8150	5600
Aぐるなび	1497	1100	1497	883
b一休	1593	905	1593	622
bJBR	888	795	888	795
AジェイコムHD	929	712	929	684
bPGM	1097	780	1097	664
bVコマース	1205	750	1205	458
AJPHD	3170	1765	3170	945
bEPS	1636	1220	1636	1220
Aアミューズ	2598	1856	2598	1668
bDI	2130	1311	2130	790
ATAC	275	168	275	144
Bケネディクス	84900	43550	84900	18520
A電通	3450	2550	3450	2287
BT&Gニーズ	20700	12290	20700	8450
Aぴあ	1923	1356	1923	1148
Aイオンファン	1949	1338	1949	1165
ANEXYZ	267	230	267	230
AみらかHD	4990	4195	4990	3510
Aアルプス技	1068	905	1068	620
Aサニックス	620	471	620	251
Aダイオーズ	692	570	692	525
A日本空調	899	803	915	754
AOLC	16290	13350	16290	10450
Aダスキン	2023	1722	2023	1568

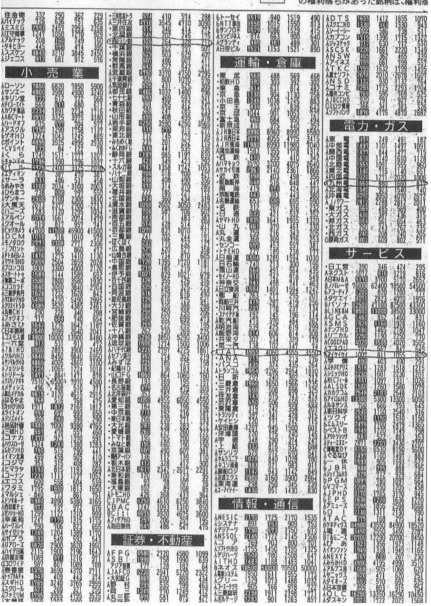

「読売新聞」（2013 年 5 月 6 日）

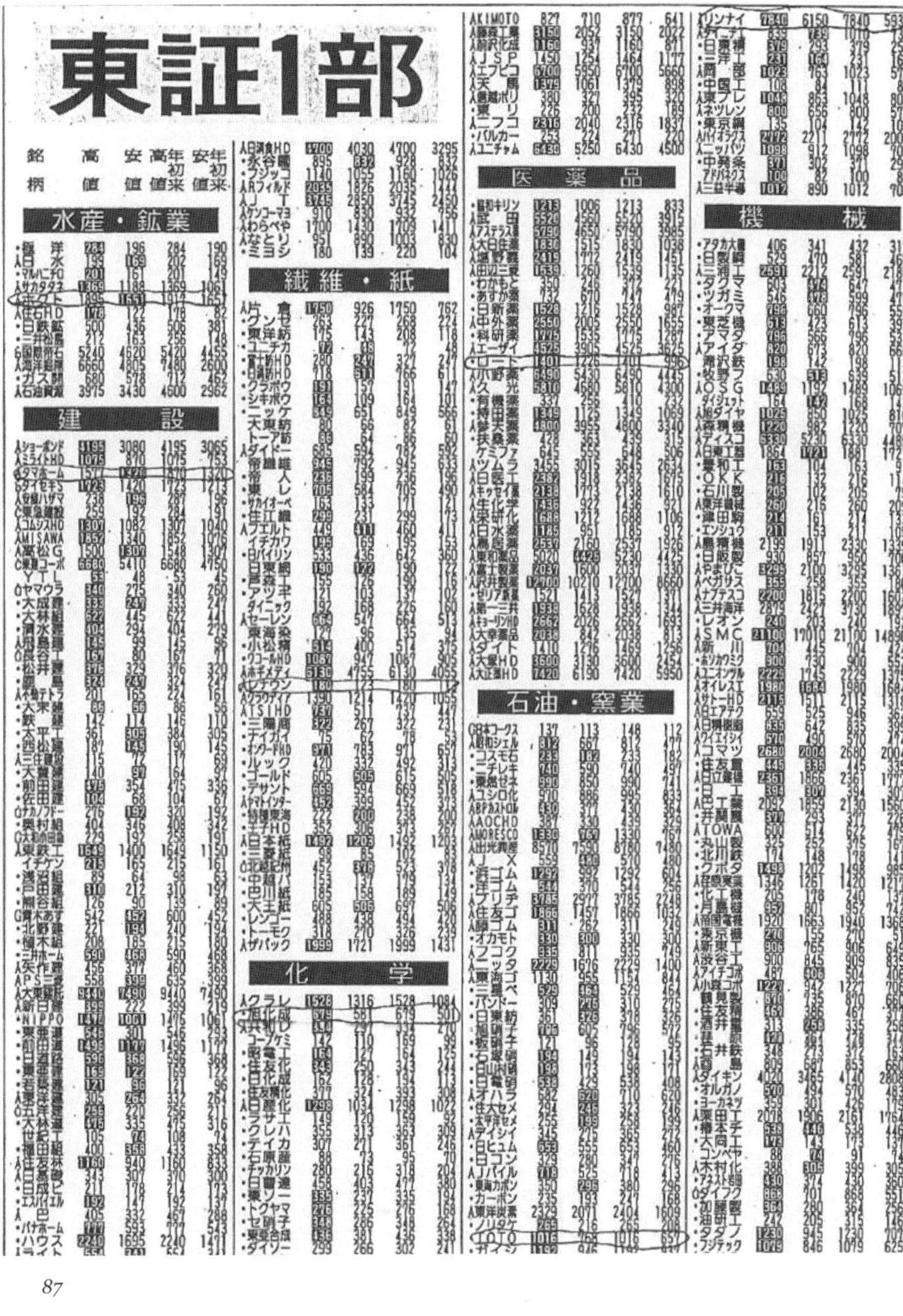

東証1部

銘柄	高値	安値	年初来高値	年初来安値

水産・鉱業

建設

繊維・紙

化学

医薬品

石油・窯業

機械

①まず私が自分で選んだ企業（ユニチカ）について、前ページのようなレジュメを作成し「企業紹介プレゼンテーション」を学生の前で行いました。

そして、新聞の商況欄の東証1部に、「建設」「繊維・紙」「化学」「鉄鋼」「小売業」「銀行」などジャンル別に企業が並んでいるものをそれぞれ切り取って短冊とし、それを学生に1枚ずつ配り、それぞれのジャンルの中から一つ企業を選び、来週のゼミの前日までにレジュメを提出すること、次回はそのレジュメにもとづいて企業紹介プレゼンを行うことを伝えました。前ページに、新聞の商況欄の一部を掲げます。印がついているのは２０１３年度の学生が選んだ企業です。〈東証１部商況紙面（読売新聞より）〉

②次週は学生の提出したレジュメを冊子にしてあらかじめ印刷しておき、全員の学生による企業紹介プレゼン。時間は一人当たり3～5分です。この冊子には、ゼミ生全員による企業の基礎的情報が掲載されていて、全員が協力して作り上げたという意識が芽生えました。

③次に、この冊子をもとに、企業の経営理念・企業の求める人材像の共通点をディスカッションしました。事前に私の作っておいた資料「21の企業紹介レジュメの分析」（２０１３年度のもの、学生用と教師用）を次に挙げます。

経営理念の共通点として「社会貢献」が指摘され、企業にとって社会貢献が大切であることを確認

21の企業紹介レジュメの分析

1「経営理念」の共通点は何ですか。

2「求める人材」の共通点は何ですか。

3「キャッチフレーズ」を抜き出してください。

4 それぞれの企業の誇る「セールスポイント」を挙げてください。

21の企業紹介レジュメの分析　解答

1「経営理念」の共通点は何ですか。
地域貢献・社会貢献　WOWOW　北斗　パル　トヨタ　イオン　西日本シティ　新日鉄　ヤマハ　タマホーム　「被災地復興」森永製菓
地方の活性化　「輝きのあるまちづくり」イオン　三菱食品
環境にやさしい　北斗　九電　新日鉄　TOTO　三菱食品　リンナイ
世界に貢献　旭化成　森永製菓
お客様第一　ロート　アイケイケイ　レナウン　西日本シティ　ソニー　九電　JAL　タマホーム
チャレンジ精神　レナウン　西日本シティ　九電

2「求める人材」の共通点は何ですか。
チャレンジ精神。目標を高く持って挑戦する人　旭化成　WOWOW　ロート　アイケイケイ　トヨタ
前に踏み出す力（アクション）　イオン　西日本シティ　九電　ヤマハ　TOTO　JAL

クリエイティビティ。企画立案　旭化成　アイケイケイ　レナウン　三菱
考え抜く力（シンキング）

チーム力　「結束と融合」旭化成　「他の価値観を尊重」トヨタ
「まわりの人たちと協力」西日本シティ　「ともに挑戦」九電
「仲間と共に働く」JAL　「価値観の尊重」三菱重工
「和」リンナイ　「支え合い、助け合う」タマホーム
チームで働く力（チームワーク）
ブレない心　ソニー　プロフェッショナル　TOTO　JAL　リーダー　アイケイケイ　タマホーム
好奇心　WOWOW　レナウン

3「キャッチフレーズ」を抜き出してください。
「World-Wide-Watching」WOWOW
「よろこビックリ」ロート製薬　健康食品「セノビック」
「感性創造企業」レナウン
「ずっと先まで明るくしたい」九電
「Active, Balanced, Creative」三菱重工
「1チョコ for 1スマイル」森永製菓
「木材より人材」タマホーム
「OVER THE LIMIT」タマホーム　Trans Borders「枠を超える」ヤマハ

4 それぞれの企業の誇る「セールスポイント」を挙げてください。
「九州 No.1 バンク」西日本シティ　「ロゴの意味」　三菱
「3本柱の育成体系」　リンナイ
「社員全員で非喫煙・非肥満の取り組み」ロート製薬
「生物多様性促進」植樹事業　パル
「エンターテインメントロボット」　ソニー
「省エネ大賞」　TOTO　「定時到着率」　JAL
「エンゼルのつばさプロジェクト」　森永製菓

しました。求める人材の共通点としては、「チャレンジ精神」「創造性」「チーム力」などが挙がり、「社会人基礎力」をキーワードとしてまとめました。

④次に、チーム別に担当する企業を自由に選んでもらいました。２０１４年度3年生の各チームが選んだ企業は以下のとおりです。

チーム「先輩」　株式会社サンリオ
チーム「ＫＩＫ」　味の素株式会社
チーム「僕たちぃくみん」　楽天株式会社

紹介する企業決定後、ゼミ内プレゼンのための計画を立てました。ゼミ内プレゼンは1週間後に設定しました。

就職する前の学生にとってこれらの企業は身近な存在ではありません。そこで、学生のモチベーションを高めるために、企業紹介プレゼンの目的を、その企業の人が見に来たと仮定して、その企業の人を喜ばせることとしました。

⑤翌週はゼミ内で、ゼミリーダーとサブリーダーの司会によってチームごとにリハーサルをしました。リハーサル後もチームごとに熱心に原稿の読み合わせをしていました。

⑥そして、いよいよ公開プレゼンテーション。正規の4時間目にリハーサルを行った後、5時間目に公開プレゼンを行い、多くの教員が出席できるようにしました。

第1回公開プレゼン

第1回目の公開プレゼンテーションにおける出席者のコメントには「何が言いたいのかもっと的を絞ろう」「独自の視点を持とう」などがあり、次回への課題となりました。

その日、学生はプレゼン後にゼミリーダーの司会進行のもとに自主的に話し合いを始めました。写真では、中央の学生が挙手しています。それを司会が当てるという公の会議でした。まさに、アクティブ・ラーニングだなと思った瞬間でした。

「原稿を棒読みするのではなく、聴衆を見て話そう」とか「企業のホームページからのコピペでなく、自分のことばで話そう」などといった意見も出ました。また、ゼミリーダーから私に「今回の企業紹介プレゼンは、ゼミのテーマである『比較文化』から外れているのではないか」という疑問も投げかけられました。この質問には即答できず、後日回答としました。後日私は、「後期は比較文化にテーマを戻しますが、テーマは何であれ、学生が自ら課題を見つけ出し、その解決を図るというアクティブ・ラーニングを実践している」ということを明言しました。

その日、全体会のあとで最後まで残って話し合いをしていたのがチーム「僕たちいくみん」でした。プレゼンで、的を絞り切れていないことを指摘されたからです。このチームは「楽天株式会社」では的が絞れないので、企業の変更を話し合っていました。

翌週は第1回プレゼンの振り返りがチームごとと全体で行われ、チーム「僕たちいくみん」は企業を楽天株式会社からライオン株式会社に変更することに決め、全体会で受理されました。

この日の授業では、さらに葡萄祭の話し合いも行われました。葡萄祭についてはゼミリーダー以外の学生が葡萄祭のリーダーを買って出ました。リーダーがリーダーを生むというアクティブなサイクルができました。

第2回公開プレゼン

第2回のプレゼンは、第1回目よりも聴衆を見て話す学生が増え、発表もスムーズになりました。しかし、出席者のコメントには「結論を述べて、その根拠を明確に示そう」など

があり、次回への課題となりました。

第3回公開プレゼン

第3回公開プレゼンには、7名の教員と1名の事務員が出席しました。今回は、結論の根拠を明確に提示することができた点が高く評価されました。しかし、どのチームも原稿を見ながらの発表で、原稿を見ずに発表することが課題として残されました。前ページの写真では、指し棒で画面を指して発表していますが、原稿を持っています。

2　文化比較プレゼン

後期に入り、原稿を見ずに発表するという前期の課題を克服するために、**進路就職課主催による課外PBLで優勝したチームのDVDを見せました。**

次に、チームごとに好きな比較文化のテーマを以下のように決めました。

チーム「先輩」　女子大生にとってのファッション
チーム「KIK」　日米のスーパーマーケットの比較
チーム「僕たちいくみん」　日米のケーキの比較

今回の課題は、台本をできるだけ見ずにやること、何か一つ来た人を喜ばせることを取り入れることでした。

第1回公開プレゼン

第1回目の公開プレゼンでは、ほぼ台本なしで発表できました。また、クイズを出したりして、来た人を飽きさせない工夫もあり、評価されました。**よいプレゼンの手本を見せたことで、学生のプレゼン力は一気に開花しました。**

しかし、議論の根拠が示されていないという指摘を受けました。6時に終了後、3チームはそれぞれ会議を持ち、終わったのは7時でした。4時間目にリハーサル、5時間目にプレゼンをしたあと、さらに1時間話し合いを持つ学生のアクティブさに感心しました。

第2回公開プレゼン

第2回目は2年のゼミ生に来てもらいました。前回同様、台本なしでプレゼンができ、しかもそれぞれのチームがアンケートを取り、アンケートにもとづいて結論を根拠立てることができました。2年生からは、「台本なしで行った点」、「クイズなどをして来た人を飽きさせない工夫をした点」、「アンケートを取った点」が評価されました。その後、「来週はパルコとソラリアの現地調査前の準備をする」と学生に指示すると、学生たちは自主的にその準備の議論を始めました。パルコとソラリアの何を比較するのか、チームごとにほぼ決まったようでした。

3　パルコとソラリアの比較プレゼン

後期最後の公開プレゼンとして「パルコとソラリアの比較プレゼン」を選びました。プレゼンの流れは以下のとおりです。

①何を比較するのかテーマを決める。
②事前に現地取材の計画を立てる。
③現地取材。
④公開プレゼン。

チーム別のテーマは以下のように決まりました。

チーム「先輩」　カフェの比較
チーム「ＫＩＫ」　トイレの比較
チーム「僕たちいくみん」　くつろげる空間の比較

現地取材前の計画では、各チームともに1時間かけてじっくり話し合っていました。現地取材ではインタビューをしたり、写真を撮ったりしていました。そしてプレゼンテーションには2年のゼミ生を呼びました。今回のプレゼンでは、どのチームもほぼ台本なしで、しかも現地取材時の写真やインタビューも盛り込んで、それを根拠として結論を導くことができました。写真は、チーム「先輩」が、2年生の前で台本なしで発

表しているところです。

「パルコとソラリア比較プレゼン」の満足度は4・53で、自由記述にも「実際に行ってみんなで調べるのがよかった」「想像だけでなく、目に見て触れる体験ができてよかった」とありました。このプレゼンはこれまでで一番よかったので、あとでもう一度やってもらい、ビデオに撮りました。2年生によい見本として見せようと思っています。

おわりに

今回、筆者のゼミで、アクティブ・ラーニングを見よう見まねで実践してみて、学生が次第にアクティブになっていく様子を目の当たりにしました。正直言って学生がここまでやれるとは思ってもみませんでした。学生のアクティブ・ラーニングが軌道に乗ってからは、私がいる必要がないのではないかと思ったこともたびたびありました。

本学で「私たちの「みらい」プロジェクト」を推進している吉松（2013：53）も**「然るべき環境ときっかけを与えることで学生は私たちの想像を越えて大きく変わっていける**、つまり成長していける、そのために力を尽くさなければならない」と言っていますが、何度も公開プレゼンテーションをさせたことで、学生は自信を持ってプレゼンできるようになりました。

後期アンケートの自由記述の中には、「今よりも、もっとレベルアップした発表を作り上げたい」

というポジティブなコメントもありました。そのためには、現地取材する機会を増やしたり、よいプレゼンを早いうちから見せたりする必要があります。これは、今後実践していこうと思います。一方で、「プレゼンの準備に時間が足りなかった」という感想が5名ありました。学生への指示を、早く明確に出すということが今後の課題です。

今回の最後のプレゼンでは、取材したり、アンケートを取ったりして自分たちでデータを作成し、仮説の根拠を示すことができるようになりました。このやり方を4年次の卒業論文にもつなげていきたいと思っています。

最後に、今回本書の共著者に快く加えてくださった浮田英彦氏と、進路就職課主催の課外PBLの担当者であり、公開プレゼンテーションに何度も来てコメントをくださり、課外PBLのDVDを学生に見せるよう示唆してくださった教務課の吉松朋之氏にお礼を申し上げます。

2014年7月24日

2014年度前期現代文化演習Ⅰについてのアンケート

2014年度前期に演習で行った内容について、無記名で以下の5段階評価をお願いします。また、それぞれの項目についてコメントがあれば自由に書いてください。後期の授業計画に役立てたいと思います。

5段階評価
1 非常に不満である　　2 やや不満である　　3 どちらともいえない
4 やや満足している　　5 非常に満足している

①グループ（チーム）ワーク　　1　2　3　4　5
コメント

②チームによる公開プレゼン　　1　2　3　4　5
コメント

③意見文練習　　1　2　3　4　5
コメント

④内定学生との懇談会　　1　2　3　4　5
コメント

⑥後期の授業で行いたいものに○をつけてください（いくつでもいいです）。
比較文化　　意見文練習　　レポートの書き方　　内定学生との懇談
葡萄祭話し合い　学外研修　　4年生の合同公開プレゼン参観
学内公開プレゼン　　学外プレゼン
その他（　　　　）

⑦後期の発表の形式について希望の番号に○をつけてください。
1 中間発表はチームで、最終発表は個人で
2 中間発表、最終発表ともに個人で
3 その他（　　　　　　　　　　）

⑧後期の授業への要望などがあれば、自由に書いてください。

どうもありがとうございました。
現代文化演習Ⅰ担当：日野資成

2014年12月4日

2014年度後期現代文化演習IIについてのアンケート

2014年度後期に演習で行った内容について、無記名で以下の5項目の5段階評価をお願いします。また、それぞれの項目についてコメントがあれば自由に書いてください。今後の3年ゼミ、4年ゼミの授業計画に役立てたいと思います。

5段階評価
　1非常に不満である　2やや不満である　3どちらともいえない
　4やや満足している　5非常に満足している

①グループ（チーム）ワーク　1　2　3　4　5
　コメント

②チームによる公開プレゼン　1　2　3　4　5
　コメント

③葡萄祭話し合い　1　2　3　4　5
　コメント

④学外研修（天神）　1　2　3　4　5
　コメント

⑤比較プレゼン
1 カナダとアメリカ　1　2　3　4　5
2 自由な比較（ファッションなど）　1　2　3　4　5
3 パルコとソラリア　1　2　3　4　5
　コメント

⑥4年ゼミの授業への要望などがあれば、自由に書いてください。

どうもありがとうございました。
現代文化演習II担当：日野資成

【参考文献】

浮田英彦「社会人基礎力日本一を目指すゼミ運営」『弱みを強みに変える本気が目覚める課題解決型学習』浮田英彦・　吉松朋之・南川啓一・伊藤文一・長田太郎共著　２０１３年　梓書院
曽野綾子『人間の基本』　２０１２年　新潮新書
溝上慎一「概説　アクティブ・ラーニングとは」『教育改革 ing アクティブ・ラーニング』
Kawaijuku Guideline ２０１０・11：44－46ページ
吉松朋之「私たちの「みらい」プロジェクト」『弱みを強みに変える本気が目覚める課題解決型学習』
浮田英彦・吉松朋之・南川啓一・伊藤文一・長田太郎共著　２０１３年　梓書院
魯迅『阿Q正伝　藤野先生』　駒田信二訳　１９９８年　講談社文芸文庫
『20人から贈る愛のメッセージ』（メッセージ入りアルバム集）　２０１５年３月13日　by 福岡女学院大学人文学部現代文化学科２０１４年度日野ゼミ卒業生一同

教室から飛び出す授業
＝アクティブ・ラーニング
〜動いて、感じて、つながる〜

伊藤　文一
上野　史郎

アクティブ・ラーニング（構想図）

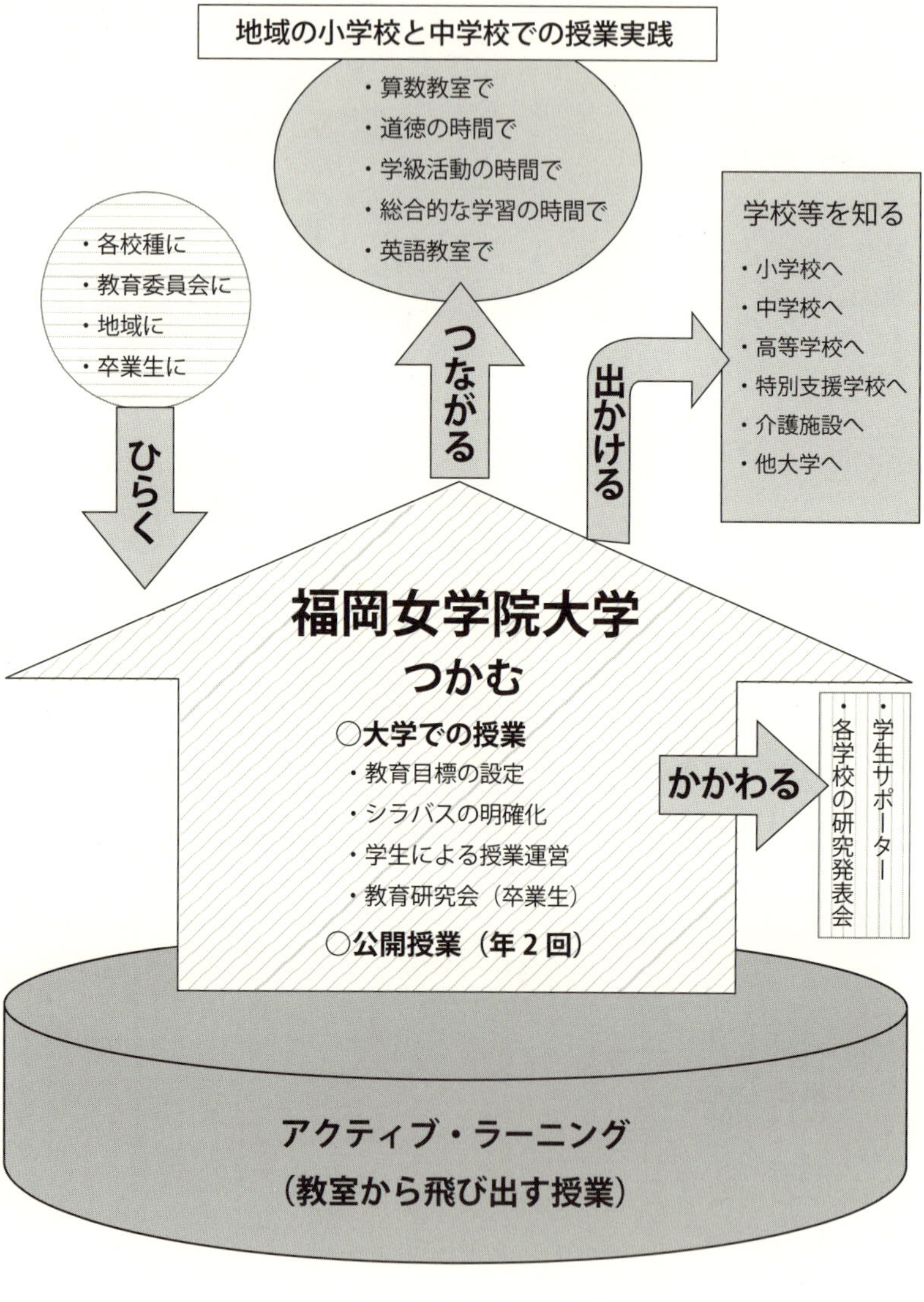

大学におけるアクティブ・ラーニング授業
―教育は小さな感動の積み重ねです―

プロローグ「なぜ、今、アクティブ・ラーニングなのか」

「どうして勉強をしなければいけないのですか」

これは、子どもから発せられた質問です。本学では、平成21年度から夏季休業中に教員免許状更新講習を実施しています。その授業の冒頭に、「先生、なぜ、勉強しなければいけないの」と子どもから聞かれたときにどう答えるかについて、セアリングをしてみました。その結果、「これから人生を生きていく上で、様々な問題、課題が出てくる。運命の大波にもまれながら生きていかねばならない。そうしたときに、その問題を解決していく力をつけるのが勉強だ。ある意味、悩みを解決するためにも学習は必要なのだ。また、それを通してリバウンドする力を養うことが大事である」という結論に至りました。

なぜ勉強をするのかその理由ををしっかり教えていかないと、なかなか勉強することに興味がわかないのではないでしょうか。しかし逆に、勉強する意味がわかると学習への意欲が増し、動機付け（モティベーション）ができると考えます。私は常々、教育は感動であると話しています。たとえば、ポーランドの天才科学者キュリー夫人もそうです。彼女は、貧しさを言い訳にせず命をかけて研究に挑んだ科学者として有名です。ネルソンマンデラの生き方にも感動します（時には学校は本当に存在価値があるのか、常に原点にかえることも大切ではないかと思っています）。

つかむ（大学における私のアクティブ・ラーニング授業）

文部科学省によれば、アクティブ・ラーニング授業は、以下の様に定義しています。

> 教員による一方向的な講義形式の教育とは異なり、学修者の能動的な学修への参加を取り入れた教授・学習法の総称。学修者が能動的に学修することによって、認知的、倫理的、社会的能力、教養、知識、経験を含めた汎用的《はんようてき》能力の育成を図る。発見学習、問題解決学習、体験学習、調査学習等が含まれるが、教室内でのグループ・ディスカッション、ディベート、グループ・ワーク等も有効なアクティブ・ラーニングの方法である。

ここでは、大学内、学外での実践的指導力の向上に取り組む授業を中心に、アクティブ・ラーニングの手法を元に、取りまとめてみました。

(1) 教師のマインドセットを変える（教育内容と教育方法を知る）

授業は「教えるもの」から「自ら学ぶもの」への転換の必要性を感じます。つまり、「教員が学生に教えたいもの」から「学生が学びたいもの」に変えることを大切にしようと考えました。そのために、教員のマインドセットを変えることが必要になります。マインドセットとは、授業に臨む心構えといったようなものです。そのために「ＡＢＣ理論」を用いて、指導事項の明確化を図りました。

「Ａ」　基礎的・基本的な事項、絶対に教えなければいけないもの
「Ｂ」　教えた方がよいもの
「Ｃ」　発展的な学習にあたるもので、教えなくても自分で勉強していくもの

このことを教員が意識するだけで授業が変わります。そのために授業内容を精選して、少なくとも「Ａ」つまり絶対に教えなければならない基礎的・基本的なことは徹底して教え込むようにしました。教員は、たえず「教えること」と「学ばせること」を意識することが大事になります。

(2) 何を教えるのか（教育目標の設定・シラバスの明確化）

私の授業では、全てオリジナルのテキストを作成しています。表紙の裏側には、次ページの様な、その毎時間の授業内容と実施日（省略）を明確にしたシラバスを掲載しています。これにより目標（学ぶ内容）を明確にしました。これをすることで、予習も可能になります。アクティブ・ラーニングでの授業の為には、予習が大切です。教育方法は、アクティブ・ラーニングによる授業が中心ですので、発表、音読、グループ討議などを毎時間取り入れています。

道徳教育の理論と指導法　　　伊藤 文一

年次：３年　学期：後期　単位：２単位
科目区分：大学共通科目　必選：教職　形態：講義

教育目標
（1）道徳教育の歴史的変遷（道徳教育はどのようにおこなわれてきたか）を学びます。
（2）現在の学校教育現場における道徳の時間、道徳教育の理論と指導法を探究します。
（3）学生自らが道徳的価値に根ざした道徳的実践力を身に付けることを目指します。

内容
（1）学校教育現場における道徳教育を理解するために、学習指導案の作成、模擬授業等を取り入れます。
（2）学校教育現場での実践授業を実施します。
（3）授業の中で、音読、スピーチ、グループ討議等を取り入れます。

授業の進め方
第１回　オリエンテーション（授業の進め方・道徳教育とは何か）【グループ討議】
第２回　道徳教育の本質・道徳教育の今日的意義と重要性
第３回　道徳性はどのように発達するのか（人間の心の成長）
第４回　道徳性の発達に関する理論（エミール、ピアジェ、コールバーク）【発表】
第５回　道徳教育はどのように行われてきたか（道徳教育の変遷）
第６回　道徳教育はどのようになされているか（道徳の時間における道徳教育）
第７回　全教育活動における道徳教育　学校・家庭・地域連携による道徳教育　【音読、グループ討議】
第８回　小学校における道徳の時間の授業と学習指導案（教材・教具・学習指導過程）
第９回　中学校における道徳の時間の授業と学習指導案（教材・教具・学習指導過程）
第10回　外国の道徳教育はどのようになされているか（アメリカ、ドイツ、韓国）
第11回　今日的課題に対応する道徳教育の探求（宗教的情操、いのちの尊厳、礼儀作法と道徳教育）
第12回　キャリア教育と道徳教育　演劇教育と道徳教育　【音読、グループ討議】
第13回　多様な道徳教育の探求（メタファー、対話、発達段階、原体験を資料化した道徳教育）
第14回　デジタル道徳教材の開発と道徳の時間の授業（道徳の時間の授業方法の変化）
第15回　評価とまとめ　【音読、グループ討議、スピーチ】
第16回　試験

文献
教科書：自ら学ぶ道徳教育（押谷由夫編著　保育出版社）
　　　　小・中・高・特別支援　各学習指導要領（文部科学省）
　　　　小・中各学習指導要領解説－道徳編－
その他の教材については、その都度紹介します。

成績評価
試験	【50%】
学習意欲・出席（授業への参加度）など	【30%】
レポートなど	【20%】

お知らせ
授業研究（参観）に行く時の交通費については、自己負担とします。

（3）学生による授業運営（あいさつ、スクランブル、コーピング、黙想、発表）

授業の方法については、学生の意見も取り入れながら、毎時間、授業の初め、授業中、授業後に、次のようなことを実施しています。

①授業の初めに

次の様な流れで授業をすすめています。学生を前に出して、あいさつをさせ、それぞれの活動の説明をさせます。それぞれの発表に対しては発問をして感想や意見を求めます。机とイスは、一人がけのものを使用しています。

1	あいさつ	明るく元気に相手の顔を見て、「お願いします」という。
2	スクランブル	縦の例と横の例でじゃんけん等をして、毎回席替えをします。
3	コーピング	体をほぐして集中力を高めます。
4	黙　想	テーマ（感謝等）に添って、自己との対話をします（道徳教育の内容）。
5	発　表	自分の意見を述べます。

②多様なゲストを招聘《しょうへい》する

教室内では、積極的に、グループ・ディスカッション、ディベート、グループ・ワーク・セアリン

目標　「道徳教育について理解する」　シート

福岡女学院大学教職課程

		科目名	授業日	学科	名前	番号
		「道徳教育の理論と指導法」	水曜日１限	英語		

回	授業日	授業の質問・意見・感想をどうぞ！！	評	私（伊藤）から
1	9/25	今日から道徳教育についての授業が始まりました。道徳教育とはどんなものかと聞かれた時にあまり出てこなかったので、年間で35時間も授業があったのに、実際に身についていないので授業を行うことは難しいことなんだなと感じることができました。道徳教育についてわからないことだらけなので、これからしっかり学びたいと思います。	☑☑☑☑	もうすこし、言いますと、子どもの悩みを解決できるような力をつけていくことでもあります。いい仕事でしょう。
2	10/2	ジョハリの窓を作って自分のことを考えた時は、自分を見つめ直すことができました。また最後に見たビデオは本当にすごかったです。まとめることは難しいのにあんなにまとめられてすごいと思いました。道徳の時間の構築の"関わる"ということに関係していたのではないかと感じることができました。	☑☑☑☑	何か一つのことに夢中になって取り組んでいる者はよいものです。何よりもやっている自分が楽しいと思います。森山さん、自信のもてる人になって下さい。
3	10/9	現在、情報公開が義務化されているということでしたが、具体的なものがわからなかったので、今日知ることができました。また、各国での道徳教育の違いについても具体的に知ることができました。アメリカの道徳教育を見た時は、アメリカらしさが出ているなと思いました。また「モデルを示し」とあったのですが、具体的に、そのモデルとはどのようなものかと考えました。	☑☑☑☐	米国は、すべての面で生活の中に活かしてこそのものだという考えがあります。つまり具体性があるということです。その心は、とても教師にとって大切です。
4	10/16	震災の時の記事を見ましたが、先生たちの行動は本当にすごいなと感じました。自分たちにも家族がいるのに、まず生徒たちを落ち着かせることを優先していて、どのような状況においても冷静でいることは大切なんだと感じました。道徳教育の中で「いのち」は大切なものであり、子どもたちにどのようにして教えていくべきなのかを考える必要があるなと感じました。	☑☑☑☑	いつも家族があると思うのは、どうかなと思います。私自身も、2才の時に、両親はいなくなりました。その分、祖母が育ててくれました。しかし、今、私は、両親にも祖母にも感謝できるようになりました。
5	10/23	道徳教育の中で演劇が使われるということは知らなかったので勉強になりました。教科書にも書いてあったように、実際に行動をすることで道徳的実践力が付くのだなと思いました。実際に道徳を教えるというのは難しいことだと感じました。	☑☑☑☑	その役になりきることが演劇は、すばらしいね。そして、役者だけではなく、みんなが一つにならないとできません。しかし、まぁ考えてみると、私たちも一人の役者かもしれないね。お金持だったり、お金がなくなったり、頭がよかったり、悪かったりしてね。
6	10/30	今日はプレゼンを聞くことが出来て、とてもタメになりました。地域社会との連携は大切ということをずっと学んできたので、実際に取り入れていてとてもいいなと思いました。また実際の生徒からの声もあって、中学生たちがどのように思っているのかも知れて良かったです。コミュニティ・スクールについてあまり知らないので、自分なりに調べていこうと思いました。	☑☑☑☑	今日の教育のキーワードはまさに「地域連携」です。ぜひ東中にも来ていただいて実際の様子をみて下さい
7	11/6	今日はいきなりの春日東中に道徳の授業を行いに行くということで、とてもびっくりしましたが、グループでしっかり話し合って授業を行いたいと思います。先輩方のプレゼンはとても聞きやすく、本当に調べられているんだというのが伝わってきました。	☑☑☑☑	しかし、グループで一緒のは、いいと思いませんか。今、大学生だからこそやれるのではないでしょうか？まずグループでしっかりやってみて下さい
8	11/13	今日はグループでどんな授業にするのかを話し合いました。考えれば考えるほど、「もっとこのようにした方がいいのではないか。」など色々な案が出てきました。どのようにしたら生徒たちが楽しめる授業を行うことができるのかなどを考えていると、とても時間が過ぎるのが早かったです。まだしっかり考えたいと思います。	☑☑☑☑	森山さんは集中力がありますね。あっという間に時間が過ぎるというのは、とってもすばらしい集中力ということですね。

昨年、私が留学に行っている時のことです。アメリカでの生活にも慣れず、英語も早くてあまり聞き取れなくて落ち込んでいた時に毎週金曜に祖母と母親とスカイプで話をしていました。祖母はガンで入院していたため、抗ガン剤治療をしていて、髪も抜け、やせ細っていました。

その時に、ばあちゃんもがんばってるから、あんたもがんばりなさい。帰国したら色々話そうと言われたのがとてもはげまされました。

グを取り入れています。これらを1回の授業に、2回は少なくとも入れています。その場合、できるだけ多様なゲストを迎えるようにしています。ゲストは地域の自治会、各校種の先生方、教育委員会等の方々です。

③リフレクションシートの活用

リフレクションシート（前ページ）を活用して、毎時間振り返りをさせています。また、教師（筆者）が一言コメントを書いています。

④特別活動で体育会を体験する

福岡教育大学の大竹晋吾准教授は、「特別活動の理論と指導法」の授業の中で運動会を体験させておられます。

(4)卒業生とのふれあい（福岡女学院大学教育研究会例会にて）

平成26年10月25日、本校125周年記念館1階学習室において、教育関係の職場に在職している本学卒業生及び教職課程を履修している

運動会模擬体験の様子（2）

運動会模擬体験の様子（1）

本学在学生を対象に教育研究会を行いました。

テーマは「教師と生徒の気付きを活性化するために」です。

主な内容は、アクティブ・ラーニングを実践する本学浮田英彦ゼミのプレゼンテーション、その上で本学教員と卒業生によるパネルディスカッションを行いました。

次に、グループに分かれて、テーマについてのパネルディスカッションの内容を踏まえながら、協議を行いました。最後に、茶話会の中で近況報告等情報交換を行いました。

当日の参加者は、卒業生11名、在校生39名、教職員7名の57名でした。

〈卒業生の感想〉

・卒業しても大学に戻ってこられる幸せを感じました。
・パネルディスカッションの提案が素晴らしかったです。
・環境は十分に恵まれています。あとは自分次第で道はひらけます。
・初心にかえる気持ちでたくさんのお話が聞けたこと、話せたことがとてもよかったです。
・浮田ゼミのプレゼンがすごかった。意識が高いので女学院大の魅力が上がっているなと思います。
・何が役に立つかはわからないので、やりたいこと、やるべきことに誠実に取り組んでください。
・子どもたちに夢を語れる先生になってください。教師は大変なことも多いですが、楽しいこともたくさんあります。何でも一通りこなせるバランスのとれた先生を目指してください。

・女学院の卒業生の言葉「凛として花一輪」を今も胸に頑張っています。

〈在校生の感想〉

・現場に立つ卒業生の方々から、ためになるお話をたくさんして頂きとてもよかったです。
・ALTとの授業の難しさや英語を使って教えることの難しさが学べました。
・これから自分がどんなことを経験し、身に付けなければならないのか見えた気がします。これからの日々を大切にして頑張っていきます。
・普段考えないことを考えさせられる、よい機会となりました。
・教育実習に行く前に、このような交流会に参加しておきたかった。
・浮田ゼミの取り組みの発表を聞いて女学院を誇りに思えました。また先生方と向き合って、悩みなどを話して解決でき、とてもよい機会となりました。
・教職に対する意識を高めるよい機会となりました。将来の教職への憧れが強くなりました。

この教育研究会を通して、先輩への憧れが出てきたように思います。このことは、自分の目指す方向への道筋にもなるのではないでしょうか。

出かける（大学から飛び出す授業）～フィールドワークの位置付け

実践的指導力を育てるために、学校教育現場へのフィールドワークは、欠かすことができません。1年生は小学校へ、2年生は中学校へ、3年生は高等学校、特別支援学校へ、そして4年生で教育実習に出向きます。

（1）各校種の学校に出かける（フィールドワーク）

①小学校フィールドワーク（春日市立春日北小学校）

日　時：平成23年1月25日、26日

授業名：学校臨床教育フィールドワークⅠ（後期集中講義）

評価（学生の感想）・地域との連携が良くなされていた。

・TTでの授業中の対応を学べた。

・ノーチャイムで、子どもに「5分前行動」を心がけさせていた。

②中学校フィールドワーク（福岡市立曰佐中学校）

日　時：平成24年9月3日

授業名：学校臨床教育フィールドワークⅡ（夏期集中講義）

評価（学生の感想）・中学校と子どもの実態を部活動を通して知ることができて、勉強になった。

③高等学校フィールドワーク（福岡県立宗像高等学校）

日　時：平成25年2月26日
授業名：学校臨床教育フィールドワークⅢ（後期集中講義）
評価（学生の感想）・職員室の前の廊下に机とイスが置かれてあり、寒い中、そこで高校生が一生懸命勉強していた。
・教師と子どもとの交換日記のような取り組みがあり、教師と子どもが繋がろうとしているのが見える。
・子どもの挨拶がとても礼儀正しく、学校の落ち着いた雰囲気が感じられた。
・2クラスの授業を見たが、両クラスの子ども達とも私語もなく授業に集中できていたため、無駄のない授業の進め方を実際に見ることができた。

実際に、各学級に出かけていくことで、子どもの姿を通して、多くの学びがあったように思われます。

(2) 介護等体験をする

教職課程を履修している学生は、3年生の後期に、介護等体験に行くことになっています。老人ホーム等の施設に5日間、特別支援学校に2日間出向き、体験させてもらっています。

この7日間が学生にとって、とても貴重な体験となっています。

(3)九州大学に出かける

平成26年11月に九州大学の工学部・理学部を対象に「教職論」の集中講義を行いました。この講義には福岡女学院大の学生も参加させ「ジョイント」の形でアクティブ・ラーニング授業を実践しました。以下、九州大学と福岡女学院大学の学生の感想の一部を紹介します。

〈福岡女学院大学の学生の感想〉

・九大生と一緒に授業を受けて勉強になった。とても集中できる雰囲気を、学生皆で作りあげていると思った。また、すごくマナーがよく、福岡女学院もそういう空気を見習っていくべきだと思い、大変刺激を受けた。(3年)

・普段授業で学んでいる要素がたくさん詰まっていて、振り返りがたくさんできた。シェアリングの時間には、九大生と会話して多くの刺激を受けた。また、新しい考え方が発見できて充実した時間だった。自分の苦手な分野(数学等)を得意としている方が多かったので、これからもお互いを高めあえるような授業づくりをしていきたいと思った。また、使用したテキストも要点がしっかりまとめられており、今後の勉強に活用しようと思った。(3年)

・普段とは違った雰囲気で学べて、とても良い刺激になった。今日の授業で、女学院の良さや九大の良さが確認出来たし、自分たちの課題も見つけることが出来た。九大生は、温かみがあり、表現力も豊かだと思った。私は物事を論理的に説明するのがとても苦手なので、彼らを見習いたいと思った。また、教師を目指す人として、もっと皆の心に残る話もできるようになりたいと思った。今日は、いつもと違った観点から学べて本当に勉強になった。（3年）

・九大生は、理論立てて話をされていて、考えに納得できるものが多かった。女学院の中では出てこないような考え方が沢山あり、良い刺激になった。教師は、生徒にとても大きな影響を与えることを実感した。日本における「教育の課題」の中で、特に「食育の推進」に関心があるので、そのことに対して何ができるか、日々考えて行動していきたいと思った。（3年）

九州大学キャンパスで

〈九州大学の学生の感想〉

・今日の授業はグループディスカッションが多く、普通の授業とは全く違ってとても興味深いものだった。人の考えや経験を聞くことは、自分が考える時に新たな情報として使えるし、自分の考えや経験を順序立てて人前で話す機会がなかったので、とても頭を使った。次回は、自分の思い出や経験を思い出して何の話題でも話せるように準備しておきたいと思った。また、先生という職業についても見直しておきたいと思った。（機械航空工学科）

・垣根を越えたという印象を強く受けた。また、このような授業を久しぶりに受けたので、正直楽しかった。工学部の授業では座学が多く、学生間のアクションが非常に軽視されている部分があることもあり、一層良い気分転換になった。講義内容に関しては正直興味のないものが多かったが、意外なことに眠くならなかった。むしろ積極的に取り組めた気がした。もちろんそれによって多少なりとも興味が湧いたし良いことづくしだった気がした。自分には、こういうスタイルの講義が向いていると改めて思った。特に廣瀬淡窓の話は非常に興味深い印象を受け、教育というものの一端に今日は触れることができた。別の教職科目を受講していても感じたことだが、生徒に対して与える授業、活動を自分たちが体験することの重要性を強く感じた。体で覚えるというわけではないが、ある程度はそういった部分を感じた。次回以降の講義も自分なりに噛み砕いて理解し、しっかり習得したいと思った。（数学科）

・「なぜ勉強しなければいけないのか」という難しい問いから授業が始まったわけだが、私はこのような問いに対して答えを見つけるのは非常に時間がかかり、答えを思いついたとしても、なかなか言葉でうまく表現することができない。ですが、教師になるからには、勉強もそうですが人生において躓いている子どもたちに適確なアドバイスをしなければならないと思った。中高生ぐらいの子どもたちはほとんどの時間を学校で過ごすこともあり、教師の影響力はとても大きいと思う。トンプリン先生の話にもあるように、教師の一言が生徒の人生を左右することだってある。私も生徒の人生に良い刺激を与えられる適確なアドバイスができるように、この授業で色々な考えを吸収し、自分の言葉で表現できるように頑張りたい。（数学科）

・今回の授業は、「人とコミュニケーションをとることについて」の力がつくようなものだったと思う。自分は機械航空工学科で、数学科が多い中でたくさんの知り合いができたように感じうれしく思った。また、教師のあり方という面も勉強し、自分が理想とする教師像が見えてきたように感じた。先生がとてもおもしろく、堅苦しいイメージだった教職論の授業のイメージが変わり、とても楽しむことができた。自分が教師になったときは先生のようなおもしろくわかりやすく、深みのある授業をすることを心がけたいと思った。また、今回の授業では何度も席替えがあり、初対面の人とたくさんふれあう機会があった。自分では考えもしなかったすばらしい意見が飛び交い、自分のためになったように感じた。今回の授業は、将来どういった仕事に就いても役立つと思った。楽しい授業ありがとうございました。（機械航空工学科）

九州大学での授業

今回の九州大学での合同授業は学生のみでなく、教員にも刺激になる点が多くありました。本学の福島さやか准教授、上野史郎先生、柴田悦子先生も授業をされ、多様性のある授業を試みることができたように思っています。

（4）咸宜園と孔子廟（多久聖廟）に出かける

平成26年12月7日に、咸宜園教育研究センターと孔子廟（多久聖廟）にフィールドワークを実施しました。

咸宜園とは廣瀬淡窓が大分県日田市に開いた私塾です。日本全国から生徒が集まり、淡窓先生の教えの元で学んでいました。全部で五千人の門下生がいたということです。淡窓先生の言葉に、「君汲川流我拾薪（きみはせんりゅうをくめ、われはたきぎをひろわん）」というのがあります。

廣瀬淡窓肖像
（咸宜園教育研究センター提供）

孔子廟とは、学問の神ともいわれる孔子を祀ったお堂のことです。聖廟には鳳凰や鬼、象、龍などの彫刻が施されており、鬼の下をくぐるとその人の心を清めてくれると言われています。

〈フィールドワーク参加者の感想〉

・実際に足を運んでみると自然豊かな場所に建物があり、そこに入ることもできた。一番遠くて青森県から通う人がいたと聞いていたが、なんとなくその理由がわかった気がした。孔子についても誰もが聞いたことのある名で、漢詩にも触れたことがあると思うが、実際にその場に行くことで新たな発見をすることができた。それぞれの地域でどれだけ、廣瀬淡窓と孔子が愛されているのかわかった気がする。（A）

・実際に咸宜園跡地で淡窓先生の書斎や塾の一部などに入ることもできたのも良かったです。私は「人材を教育するのは、善の大なるものなり」という言葉にも表されている淡窓先生の思いが、この咸宜園にもしっかりと受け継がれていたのだなあと感じました。咸宜園も多久聖廟も、普段はなかなか行く機会がないので、今回フィールドワークとして実際に見て学ぶことができ、とても良かったです。授業での知識を肌で感じることでより知識が身に付いたと思います。また学生生活も残りわずかとなった今、私にとって教職のメンバーで楽しい思い出を作ることができました。本当にありがとうございました。（B）

・教職課程を履修している学生として、教科書や視覚教材で教育について学ぶよりも実際に赴い

孔子廟へのフィールドワーク

て自分の目で見て感じることが必要であると感じたとともに、今回のフィールドワークを通して教育のパワーを感じることができました。今後ともぜひこのような機会を有効に活用し、より多くの後輩にも参加をしてほしいと思いました。（C）

・これまで学んできた場所を実際に訪れ、授業内だけでは知れない土地のにおいや先人たちの想いなどを少しでも感じることができ、非常に充実した一日を過ごすことが出来ました。咸宜園では、廣瀬淡窓の教育への想いや塾生達の学びに対しての熱い姿勢を垣間見ることができ、とても感動しました。秋風庵や遠思楼の中を見学すると、彼らの学んでいる姿が思い浮かばされ、まさにそこにいるかのように感じました。そして、実際に淡窓の日記の書き方や万善簿を体験してみて、改めて現代の教育を見直す機会になったように思えます。（D）

・授業で学んだ知識を肌で感じることで、自分自身の知識として身に着けることが出来ました。勉強した土地を実際に訪れ、目で見て感じることとの大切さを改めて知ることのできた有意義なフィールドワークになったのではないかと思います。今回訪れたような場所や彼らのような先人たちがいたからこそ、私達がその場所へと訪れ、彼らから学び、また次へと続いていくと考えると、非常に感慨深いものがありました。今後ともぜひこのような機会を有効に活用し、教職を学ぶより多くの後輩に参加してほしいと感じました。このフィールドワークの活動がこれからも続いていくことを願っています。（E）

かかわる（体験する）

（1）学生サポーターとしてかかわる
～福岡市「いじめゼロサミット2014」に参加して～

福岡市教育委員会主催の「いじめゼロサミット」に、2013年から、コーディネーターとしてかかわっています。

福岡市「第2回いじめゼロサミット2014」について

福岡市では、前年度から、いじめ撲滅を目指して児童生徒が企画・運営し、主体的に取り組む「いじめゼロサミット」を実施しています。

今年度は、平成26年8月21日エルガーラ8階ホールで800名以上の参加者を得て行われました。

主な内容は、以下のとおりです。

○「大人もまじえた代表児童生徒によるシンポジウム」
○いじめゼロ宣言に基づく今後の取組の重点の発表
○「福岡市いじめゼロの日」の採択
○いじめゼロ発信劇（中学生）

「いじめゼロサミット」福岡市教育委員会主催（エルガーラ8階ホール）

○大人からのメッセージ（市長ほか）

このサミットには福岡女学院大からコメンテーター（筆者）と学生アシスタントとして5名が参加しました。学生は、シンポジウムの進行の手伝いやメッセージの発表、集計等のサポートを行いました。

〈参加学生の感想〉

・「いじめゼロサミット」に参加して、小中学生の現状や、いじめに対する考えを身近に感じること、サミットを企画運営する先生方の思いや、場の雰囲気作りを学ぶことができた。いじめについて考えることは、大学の講義でもあることだが、実際に小中学生の意見を聞きながらいじめについて考えることができ、貴重な経験になった。どうしたらいじめがなくなるのか、自分たちができることは何なのかなど、具体的に考えることで深い話し合いができたと思う。参加していた小中学生は、サミットが進むにつれ、態度や声から真剣に考えている様子が感じられ、短い期間の中で成長する小中学生を間近で見ることができた。また、私は、来賓の方々と同じ場に立ち、話をするという機会を得たことで、貴重な経験をすることができた。大勢の方を目の前にし、緊張したが、話す相手に応じた話し方や伝え方、話の展開の仕方などを学ぶことができたと同時に、言葉で自分の気持ちを伝える大切さや

メッセージを発表する学生

難しさを感じた。「いじめゼロサミット」を通して、サポーターという立場であったが、学校現場の現状を知り、生徒の考えを知り、先生方の思いを知ることができ、今回の経験は教師を目指す自分にとって、かけがえのないものになった。この経験を生かし、今後の学生生活につなげていきたいと思う。

・「いじめゼロサミット」で最も感じたことは、小・中学生がもつパワーの大きさである。私自身、日頃なかなか接することのない小・中学生たちにどのようなサポートができるだろうか。また、いじめに対して、彼らはどのくらい考え抜くことができるのだろうか。正直、多くの不安があった。しかし、実際に彼らに出会うと、そのような不安は最後まで感じることはなかった。彼らが最後まで「いじめゼロ」に向き合い、考え抜く姿や、緊張しながらも大きな声で会場全体に伝えようとする大きな声を間近で感じた。子どもたちのもつ力は、大人の心を動かすことができると思った。彼らの力を最大限に活かせる「いじめゼロサミット」のような企画が非常に貴重な機会だと感じた。今回、アシスタントとして参加できて大変うれしく思う。この機会を与えてくださった、各先生方や市役所の方、そしてなにより子どもたちへ感謝している。

「いじめゼロプロジェクト」推進委員会

（2）各学校の研究発表会に参加する（参加学生のレポート）

各学校が独自の研究テーマにもとづいて、研究発表会を行っています。その発表会に参加することで学校の研究を自ら学ぶことができると考えています。

■学生のレポート（A）

①福岡市立壱岐小学校

研究授業：「豊かな心を育てる図画工作科指導」に参加して

テーマ　：図工の授業から子どもたちに伝えられるのは何か？

1．私が課題として考えること

・私は小学生のとき、自分の思っていることを自由に伝えることができ、その間は何も考えなくてよかったから、図工が一番好きだった。これは子どもの立場からの考えであるが、教師側の考える図工の授業では、どのような考えがあって授業が展開されていたのだろうか？

2．課題解決の内容と方法

・黒板にめあての掲示…各学年ごとにめあてが統一されており、めあてを掲示することで子どもたちが何を学ぶのかを明確にしていた。

・作品を見てほめあう、意見交換…どの学年もクラスそれぞれ進み方は違っていたが、作品の意見交換の時は否定的な意見ではなく、たくさんの良い所を出し合っていた。
・班活動、教室の机の並び…班で活動しているクラスが多く、机のすきまは全くなかった。また横の列を全てくっつけて授業を行っているクラスもあった。
・発表の仕方や決まりの確立…図工の授業だけではないと思うが発表する時に「～だと思います」という発言に対し「いいと思います」や「わかりました」と児童たちが全員コミュニケーションをとれるような発表の仕方があり、雰囲気が良かった。

3. 考察

・今回教師の立場から図工の授業を見学して気付く点がいくつもあった。どの学年、どのクラスを見ても必ずめあてがあり、先生方はしっかりと学習目標を決めて取り組まれていることが分った。作品を完成させるということは表現力の育成に大きく関わる。自分の考えや思いを言葉ではなく絵や彫刻等で伝えていく。その時子どもは、たくさんの色から自分の考えに合った色を選択していく。作品一つを完成させるまでにいろいろ考え、集中して行うことが分かった。また、作品の鑑賞を通してみんなの意見を聞き、自分以外の考えを受け入れることや、発表することで自分の意見を言えるようになることなどが分かった。これらを通して図工は表現力だけでなく、心の豊かさにもつながると考えた。図工の授業から子どもたちに伝えられることは、作品には正解不正解がなく、いろいろな考えや思い、感情などから作り出される。この思いや考えを受け止めて、心の糧にしていくように指導するのが図工という教科であると感じた。

■学生のレポート（B）

②福岡市立平尾中学校

研究授業：「思考力・判断力・表現力」をはぐくむ授業改造
「言語 活動の充実を図る学習活動を通して」に参加して

1．学校の印象・雰囲気

・印象的だったことは、平尾中学校に着くまでに、アップダウンの激しい坂道に多く遭遇したことである。中学校は、急な坂を上った上に位置していて坂道ですれ違う生徒に、元気な声で挨拶をしてもらった。校門を抜けると、玄関の掃除をする生徒や体育館近くのトイレを掃除する生徒がいた。私の中学生時代と何も変わらない風景であった。しかし、みんな元気に挨拶をしてくれることは、共通していた。私も中学生の時は、こんな風に元気よく挨拶をしていただろうかと思った。私が受けた平尾中学校の第一印象は、とても明るく元気な学校であるということだった。

2．授業改善のために見られた工夫

・まず私の専門科目の英語の授業を観察した。そのクラスは、ＡＬＴとのＴＴであり、とても参考になることが多かった。ＡＬＴは、すべて英語で話をし、しかもスピーディに一度きりしか言われなかった。しかし、ほとんどの生徒がその英語を理解し、混乱した様子はなかった。私の教育実習中のとのＴＴでは、英単語くらいであればＡＬＴが英語で行い、長い文章になると、日本人教師が日本語で説明するようになっていた。また、ＡＬＴは、生徒の名前を覚えているようで、説明や指示、質問、発問すべてのことを行っていた。ここまでできるようになれば、生徒たちが英語に触れる機会が少しでも増え、リスニング力も伸びるのではないかと感じた。また、教科書にあるリーディング部分をすべて暗記させ、授業の最初に確認をしていたことも良いアイディアだと思った。英語科だけではなく、すべての教科に共通していた授業改善のために見受けられた工夫として先生と生徒との対話が多く、ストップウォッチを全教員が身に着けていた。また、「めあて」「シンキングタイム」「シェアタイム」「ペア」「グループ」「クラス」「まとめ」という7つの視覚教材があることも印象的だった。黒板に掲示されるものが、全教科、色や形を統一することで整理がしやすく、手順が明確になり、混乱を防ぐものになるのではないかと感じた。また、今自分たちは何をしているのか、何をしなければならないのかという課題意識を持って、生徒が授業に参加できる良い工夫だと思った。

3．授業を観察して発見した新たな改善点（今後の自分のために）

・社会の授業では、4人1グループになり、社会問題について話し合っていた。生徒は積極的に問題を考え、グループ内でもたくさんの意見が出ていた。また、教師との対話の中にもさまざまな意見が出ていた。私が予想しないような意見もあり、きちんと答えるためには、教師は、事前に下準備や予習をし、1つでも多くの引き出しを持たなければと思った。また、生徒のさまざまな意見があるからこそ、授業がより楽しくなるのだと感じた。そして、この社会の授業では、シェアリングの際、「ヒントカード」という発想の助けになるようなカードも使われていた。これは、シェアリングをより活性化する効果があり、楽しみの1つにもなると感じた。

4．その他考えたこと

数学の授業では、4人が1グループになり、わからない問題をお互いに教え合う活動をしていたことに感動した。私の専門教科は、英語であるが、こちらからも日々の生活の中に、道徳と統合できるものは何かを考えながら生活しようと思った。

研究発表会に参加すると、学生の意識が変わるのを感じます。先生方がひたすら議論をされ、研究される姿に感動するようです。

つながる

本大学で、小学生対象の「算数教室」を開催して5年になります。この「算数教室」は、様々な小学校の子どもたちが学びに来ます。３年前からは、貸切バスで佐賀市の子どもたちも訪れています。１つの学びを通しての交流の場ともなっています。

（1）「算数教室」に取り組む

①平成25年度の「算数教室」準備の経緯

【2月】「算数教室」企画スタート
○対象学年の決定、募集要項　○授業内容、教材研究　○日程についての話し合い
○役割決め（授業のクラス分け、授業者決め）○学生募集、呼びかけ準備

【3月】略案やワークシートづくり
○5年生、６年生の授業内容決定↓分数（＋－×÷）、（面積・体積）
○AB各班の略案、ワークシートづくり↓上野先生に添削をしていただく

【4月】事情により授業者変更↓練り直し
○「算数教室」打ち合わせ↓学生募集、授業者2、３年生で募る、授業内容決め直し
○各班打ち合わせ↓グループ内役割決め、指導案見直し

○昼休み→打ち合わせ開始

【5月】指導案、ワークシート完成／教材づくり

○各班打ち合わせ→指導案・ワークシート完成を目指す

○教材を完璧にする→上野先生に添削をいただく

【6月】模擬授業

○話し合い、教材作り

○指導案・ワークシートの見直し、確認

○各班で模擬授業を行う→模擬授業の徹底

○分数の授業、改善点話し合い

○教材の確認　○反省会

○教材作り、授業者話し合い

【7月】模擬授業／打ち合わせ

○模擬授業（1～3時間分）完璧にする

○指導案・　ワークシートの完成

○生涯学習センター・春日市の方との話し合い

○学生の名札集め

平成26年度福岡女学院大学「算数教室」（平成26年8月23日）

【8月】ＡＢ班製本

○ＡＢ班製本→表紙色付け、部数確認
○教室準備、当日担当者話し合い
○「算数教室」参加児童数決定（模擬授業の様子）
○春日市の方、生涯学習の方、伊藤先生・上野先生と学生との打ち合わせ
○生涯学習センターの方との打ち合わせ
○上野先生にワークシートの最終訂正・確認をしていただく
○ワークシート製本、大学の先生方の名札作成　○模擬授業（リハーサル）
○教室設置・準備　○本番　○反省会

②保護者等の意見・感想・要望等について（原文一部抜粋）

・本日の授業は、大変分かりやすく、ていねいで子ども達も学校の授業ではなんとなく分かった程度だったものが、今日の授業によって、より分かりやすく理解できたのではないかと思います。
・自信がついたようで、とても嬉しいです。塾が嫌いで、なかなかやる気が出ないようなんですが、2日間でも集中して3時間していただき、良かったと思います。
・娘のみならず、母親の私の気持ちもフォローしていただいて、たいへん感謝しております。
・算数は少し苦手な教科ですが、昨年と今年のこの「算数教室」は楽しい算数の時間になりました。

・すごくていねいに教えて頂いたと思います。学校では（時間の都合上）理解していなくても次に進んで行くので、今回、すごく理解できたと思います。分かりやすかったです。

③受講者（子ども）等の感想等について（原文一部抜粋）

・三角柱の解き方は知らなかったけど先生やプリントのおかげで分かるようになった！
・知らない友達とも仲良くできて、グループの時にはグループで話し合えたし、とても楽しい学習になりました。
・算数はもともと苦手だったけど、分かるようになって少し苦手がへったかな…と思いましたので、よかったです！
・授業なのに楽しくて、あっという間に時間が過ぎました。ありがとうございました！

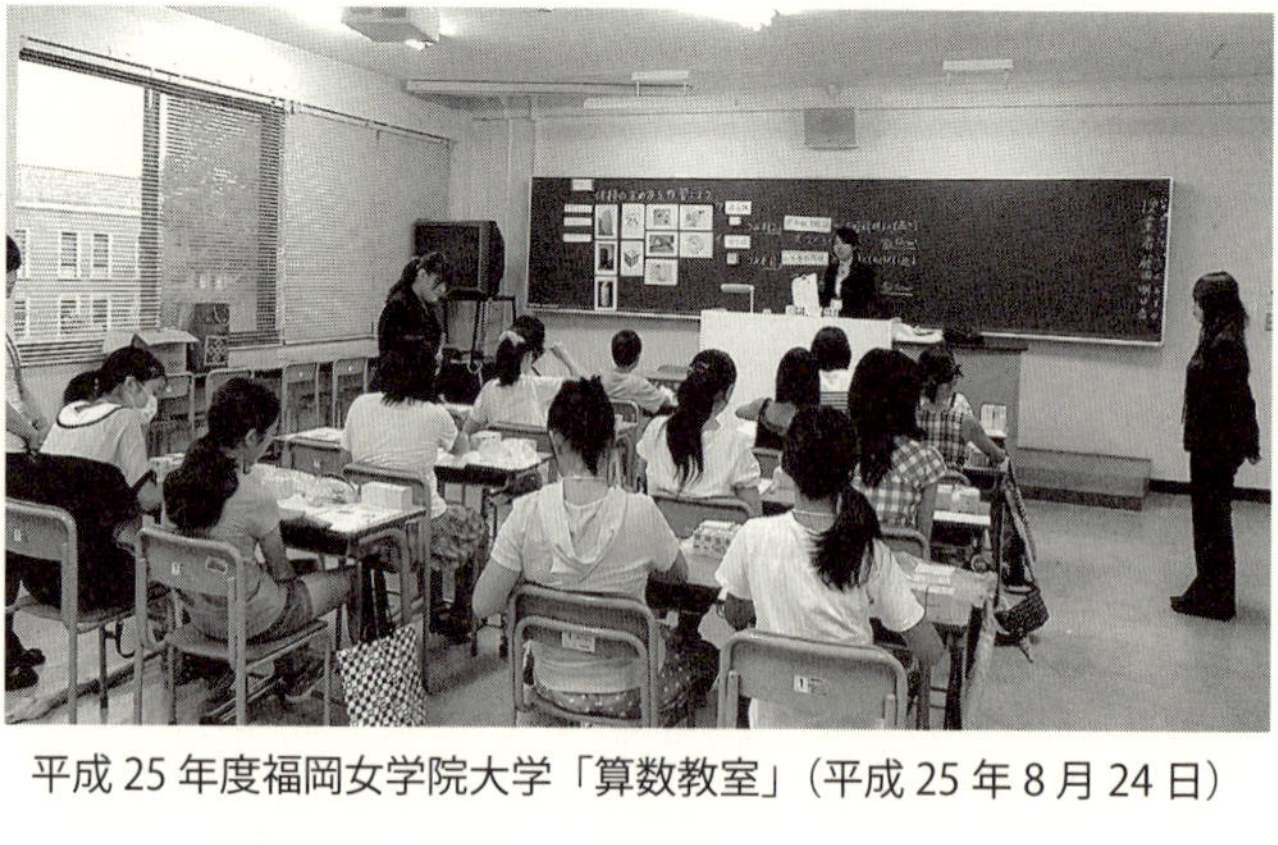
平成25年度福岡女学院大学「算数教室」（平成25年8月24日）

④授業者・サポーターの意見・感想・要望等について（原文一部抜粋）

・子どもたちにどんな風に教えていけばいいのか難しかった。教材を1つ1つ作ることの大変さを知ることができた。

・教室に入ることができなかった児童がいて、対応にとまどった。保護者の方や子どもの対応の難しさを痛感した。でも、いい経験ができたと思う。
・問題を解いている児童の様子を見て、声をかけるかどうかを判断した。
・資料を作るのにパソコンがうまく使えなかったので、教える技術だけでなくＩＴなどにも強くならなければと感じた。
・子どもたちに教えることがとても楽しい。解けたという達成感をともに味わえる喜び。
・人とのコミュニケーションや教えることの大切さを改めて学ぶことができた。
・指導案やワークシート作成の大変さを痛感した。

⑤多くの人が関わる算数教室

算数教室を通して、学生が学んだことはとても貴重であったと思います。まず、教材、教員の準備の大変さ、チームワーク、子どもとの対応、指導者との接し方、苦労も多かったことが学生の成長へとつながったのではないかと考えます。

(2) 学級活動の授業をする（春日市立春日小学校）

◇第５学年「学級活動　正しい携帯の使い手になろう」に参加して（平成25年12月５日）

◇成果と課題（〇成果　●課題）

○子どもたちは「ネットで悪口を書くことはずるいこと」「格好悪いこと」だという思いを発表してくれた。

○「長時間ネットを使い続けると、どのように体調に影響があるのか」という話を聞いて、子どもたちは自分たちの生活を見直して、改善していこうという思いを強めてくれたようだった。

●もっと密に連携を図ることが出来れば、もっとスムーズに授業が出来たと思う。また、子どもたちともっと会話をすべきだった。

(3) 道徳の時間の授業をする

◎春日市立春日小学校(校長　清武直人)

◇第3学年「道徳の時間　黄色いこうもりがさ」の授業を行って(平成26年10月22日)

◇成果と課題(○成果　●課題)

○グループワークや個人ワークなど様々な形のワークを行うことができた。また、役割演技を行う際は、児童も交ぜて行うことができた。落ち着いて授業を進めることができた。

○時間通りに授業を終わらせることができた。

○子どもと積極的に関わることができ、朗読をうまくやれた。

○生徒が積極的に質問に答えてくれた。また、授業後、担任の先生からのアドバイスがもらえて授業のまとめと生徒の意見を上手に繋げる方法がわかった。

●板書するとき、小さく書いてしまったので見にくかったようだった。
●授業展開の中で、ワークシートに書きこませるのを忘れた。
●名前を覚えられなくて、発表させる際に指示がうまくできなかった。
●子どもの意見をうまくまとめることができなかった。
●時間を気にしすぎて、少し早く進めてしまった。
●生徒の意見に対しての反応の仕方のバリエーションが少なかった。

◇気づいたこと

・一人一人が道徳の授業と日常生活のことを結びつけられていた。本授業では「みんなのものを使うときは人に迷惑をかけないように」ということを柱にしていたが、数日前にみんなで使うボールがなくなったことを反省点としてあげ、これから大切に使っていく、と感想として書いていた。
・誰かが発表したら、クラスのみんなが「他にもあります」や「同じです」といった反応をしていて、ちゃんと授業に参加して人の話を聞いているなと感じた。
・グループワークのときにグループによって作業が終わる時間が

春日小学校「道徳の時間」の授業（平成 26 年 10 月 22 日）

異なり、早く終わったグループは私語をしがちだった。
・手を挙げる子どもが偏っていた。また、積極的な子どもとそうでない子どもの差があった。
・クラスの雰囲気がとてもよかった。また、授業に取り組む姿勢がとてもよかった。

◎春日市立春日東中学校（校長　古澤裕二）

◇第１学年「道徳の時間（先生ばかりが住んでいるマンション）」の授業を行って

◇成果と課題（○成果　●課題）

○学習指導案で設定したねらい３つを生徒が達成できた。

①クラスという集団の一員としての役割と責任を自覚する。（14人／39人中）（36％）

②協力しながら集団生活の向上に努めようとする。（23人／39人中）（59％）

③本時の学習を今後の生活に活かそうとする。（39人／39人中）（１００％）

●クラスの雰囲気がとても良く、元気な子どもが多かったため、活動が盛んになると声が大きくなりがちで少し乱れてしまった。

春日東中学校「道徳の時間」の授業（平成26年12月10日）

●指導する言葉としてふさわしくない言葉を使ってしまった。

実際に、「道徳の時間」の授業を終了した学生たちは、達成感を感じたようです。子どもたちがとても元気で教室の中が生き生きと活動する空間になっていました。子どもも先生役の学生も一体になって活気がありました。

（４）学校行事に参加する（春日市立春日東中学校）

学校行事が終わるたびに、子どもの成長がみられます。体育会や合唱コンクールの前と後で、子どもの成長をみました。

◎体育会（平成25年5月21日）
①参加内容：体育会の練習と本番を見学、アンケート調査（子ども・保護者）の分析とインタビュー
②アンケート調査より
○「体育会は楽しかったか」

1年生と3年生は体育会を大いに楽しんでいることがわかった。1年生は中学校へ進学して初めての体育会ということもありほとんどの生徒が「とても楽しかった」と答えていた。また、3年生に関しては中学校最後の体育会を成功させたいという強い気持ちが数字に表れたように思

う。3年生には体育会の練習中や本番で、2つの学年をまとめるリーダーが自ら進んで声を出しまとめている様子が伺えた。このことから、3学年すべてに対して体育会を成功させたいという強い気持ちが伝わってきた。

○「積極的に参加できたか」

3学年がほとんど出来たと答えていた。体育会当日の様子を観察した時、すべての子どもが自分の競技以外にも応援に精を出している姿が見られた。また、係りの仕事がある生徒は休むことなく素早く行動していて、積極的に体育会に参加できていると感じた。

○「自ら進んで体育会に臨むことが出来たか」

3学年のほとんどの子どもが「とても出来た」「出来た」と回答していた。つまり、体育会に参加しようという強い意欲が感じられた。強い意欲をもっていたからなのか、競技中や全員で行う開会式等では1年生から3年生まで強い団結力を感じられた。

③考察

○1年生の感想を見ると、「みんなで協力する」ということが多く書かれていた。このことから、1年生の間では学校行事の「目標」にあげられている内容が達成できているように思われた。体育会で集団を通して所属感や連帯感が深まっていると思われる内容が多く書かれていた。

○2年生のアンケートの中に「感動」という副主題でも取り上げているキーワードが書かれていた。体育科のN先生に話を伺ったところ、「ダンスは、2年生の後期から練習を始め、厳しい指導をしている。厳しくすることで子ども自身に本番で成功したという達成感や感動を味わわせる。そうすることにより子ども自身の意欲が向上する」という話を聞いた。まさしくN先生が言われていることが2年生の感想の中に現れており、教師の厳しい指導により子どもが体育会で感動をするということに繋がっていることがアンケートでわかった。

○3年生の感想では、「リーダー」という言葉が多く出ていた。最高学年という自覚がしっかりとあるようで、まとめようとする積極的な感想が多数あった。体育会当日は、3年生のリーダーが他学年の子ども達に声かけをしている姿がみられ、責任感を強く感じているようだった。

学校行事に挙げられている「望ましい人間関係を形成し、集団への所属感や連帯感を深め、公共の精神を養い、協力してよりよい学校生活を築こうとする自主的、実践的な態度を育てる」という目標は、アンケートによると達成できているように感じられた。

◎合唱コンクール（平成25年10月24日）

①参加内容：合唱コンクールの練習と本番を見学、合唱コンクール後、教員にインタビュー

②インタビュー調査より

N先生の話を聞くと、合唱コンクール前後で明らかに違いがあった。子どもが協力的になり、他の子どもを尊重するようになったことがこのインタビュー調査でわかった。また、子どもが自ら動

こうとする自主性がこの行事で養われることも明らかになった。「発表のときに3年1組が全員手をつないでいた」という言葉から練習の間に子ども間のチームワークも以前よりも増していることがわかった。このことから学校行事は子ども自身が大きく成長するにあたって必要なものだということがわかった。

(5) わくわく英語教室に取り組む

①夏休みわくわく英語教室について（平成26年8月16日・30日10時〜12時）

場　所：春日市立春日小学校　図書館
参加数：小学校5、6年生　第1回14人、第2回23人
参加学生：各回とも7名（授業者は各3名）
授業内容：第1回「すごろくを通して body parts を学ぼう！」
　　　　　第2回「shopping ゲーム〜英語でお店でのやり取りができるようになろう〜」

◇反省点

・夏休みに入ってしまい、ドタバタ準備することになってしまった。
・時間配分がうまくできなかった。
・自分たち以上に緊張している子どもたちの気持ちをほぐすことができなかった（ダンスや歌、

自己紹介ゲームなど利用すると良かった）。
・カメラが原因で表情が硬くなってしまい、笑顔を撮影するのが難しかった。
・事前に小学校の英語の授業を見に行って、勉強しておいた方が良かったと思う。
・もっと絵や音がある授業の方が良かったようだ。
・1つのことを3回読ませるなど、英語に触れさせる機会を増やすべきだった。
・発音するときに動作を入れたら覚えやすかったと思う。
・カメラだけでなくビデオを撮るのも良かったと思う（授業で流したり、前の場の空気を正確に残したりすることができなかった）。
・ゲーム終盤、英語を学ぶというより早くゴールしたいという気持ちの子どもが出てきたため、雑なゲーム展開になる場面があった。
・スタッフの仕事分担ができていなかった。
・グループ内で知らない人と一緒になるため、自己紹介が必要だった。
・グループ対抗戦だったため、児童の英語の発言機会が少なかった。
・お店役の中でも、発言できていない児童がいた。
・お店のセリフが実践的に使えてない児童がいた→アクティビティの前に、練習が必要だった。
・児童が body parts を理解できていたかの review のパートが必要だった。
・すごろくのマスを英語で書いたため、児童が理解できていなかった部分があった。

・多くの児童の楽しむ姿が見られた反面、何人かの児童はなかなか発言できていなかった。
・すごろくともうひとつ別のアクティビティを入れるべきだった。
・知らない人とペアを組むことになるため、うまく話し合えていないペアがあった。

◇感想

・子どもたちの笑顔が見られた。また、保護者の皆さんも笑顔だった。
・英単語を知っている子どもが多かった。早期学習を実感できた。
・小学生と触れ合うという貴重な体験ができた。
・いい環境、人が集まってるおかげでこのような経験ができたと思う。
・ゲームを通じて勉強できて良かったと思う。
・指導者としての勉強ができた。また、この経験を今後つなげて行きたい。
・第2回の英語塾も参加したいといってくれた子どももいて嬉しかった。
・最近の子どもは変に大人びてるものだと思っていたが、純粋な子ばかりだった。

自分の小学生の時とのちがいを知ることで、思い込みで教育はできないこと、アクティブ・ラーニングを意識することができたのではないかと思いました。

ひらく（大学における公開授業）

（1）大学内、各校種、教育委員会の中でひらく

①公開授業内容：教職実践演習「大学は地域の園・学校とどう関連出来るのか」
②日時：平成25年11月25日5限目
③授業内容
　春日東中学校校長古澤裕二先生に、中学校と大学との連携についてプレゼンテーションをしていただき、その後、古澤先生の話を基に、６つの班を作り学生と中学校や大学の教育関係者とで話し合い（グループワーク）を進めた。

◇成果（参観者の感想から）

・大学の公開授業（教職実践演習）に多数の大学内の関係者、ならびに大学外の教育関係者等が参加し、実施されたことが大きな成果だと思う。
・授業のすすめかた（司会進行、出席確認やコーピングやシェアリングなど）にもさまざまな工夫があり、とても参考になった。また、まとめの発表などが自主的かつ自発的に学生の手で進められいて、とても好感が持てた。さらに、そのこと自体が素晴らしい実践演習の場になって

いた。

・グループでの討議では活発に、学生と教育関係者との意見交換が行われ、今後の糧になる取り組みだと感じた。

・今回は学校運営とは何か、今の教育に必要なものは何か等を考える授業だったが、春日市の中学校の先生方や、本学の教科教育法担当の先生方の貴重な意見を聞くことができ、学生にとっては有意義な時間であったと思う。（教職員A）

・プレゼン、学生のグループワーク、それに対する各先生方のコメントを聞いて、一人の力には限界があるが、みんなで力を合わせれば、大きなパワーを発揮できることを実感した。

・大学との連携を考えるという課題を学生や様々な立場の方が意見を出し合い、話し合い、意欲的に取り組んでいる様子が印象的だった。（地域A）

・これまでに取り組んでこられた地域の学校との連携が、ますます進化して、「事例・モデルとなる日も遠くない」と思った。（教職員B）

・これから、教員を目指している人たちのための授業を、大学の教員である私たちが受けるという構造が、二重三重にいろいろなことを考えるきっかけになったと思う。（教職員C）

・今回の授業には、教育関係者が多数参加されており、グループ討議に入って学生を親身に指導され、学生の発表に対して積極的にコメントされていた。参観された学内外教育関係者の教育力向上にかける意気込みも感じられ、有意義な授業参観だった。（地域B）

・いろいろな先生方とお話ができてとても新鮮だった。先生方が、私たちの取り組みを評価していただき、改めて教職課程を履修してよかったと思った。（学生A）

学生は、見られることに対して抵抗はなく、むしろ認められる喜びが自信にもつながっていったように思われます。

(2) 地域（自治会長さんたち）にひらく

①公開授業内容：教職実践演習「地域と大学のよりよい関係を求めて」
②日時：平成26年1月20日5限目
③授業内容

森松重剛自治会長（春日市泉地区自治会）より「地域と大学のよりよい関係を求めて」というテーマで、清武直人先生（春日小学校校長）より「子どもが育つコミュニティを構想する」という内容で、地域と大学との連携についてのプレゼンテーションをしていただいた。さらに学生により今年度の地域と大学との連携（算数教室や東塾など）についてのプレゼンテーションが行われた。その後6つの班に分かれ、それらの話を基に、「地域と大学について」、「地域と小・中学校について」について、学生と春日市の自治会の方や中学校や大学の教育関係者とで話し合い（グループワーク）を進めた。

◇成果（参観者の感想から）

・大学生最後の授業で感じたのは、教育は地域があってこそ成り立つのだということだ。大学が何を地域に求めているのかということを会長からテーマとしていただいた。それは、今後の教職のテーマとして引き継いでほしいし、私は教員として何を大学に求めてほしいのか、考えていけたらいいなと思った。

・多くの地域の方々や教育関係者の方々に来ていただき、女学院に何かしら興味を持っているのだと感じ、嬉しかった。一人一人が多くの人たちと繋がりたい、良い関係を気付いていきたいという思いが強く感じられ、この時間を共有出来たことが1つの財産となったと思った。

・今日は自治会長さんや春日小学校の校長先生、地域の方々を招いて、大学と外部でどのような連携があるのかのプレゼンがありました。森松会長の「大学が地域にできることではなく、学生が地域にできることや求めていることを考えたほうがいい」ということばに納得した。2班の自治会長さんもおっしゃっていたように、勉強だけにこだわるのではなく、地域のイベントに参加することで更に輪が広がると思われるからである。

・授業参観して、まず、児童・生徒は、家庭・地域・学校という3つの輪の中で育つのだと、再確認した。地域と学校からお招きしたゲストの方々の実践的、具体的な話に、私が触発されたのだと思う。さらに、それに聞き入る受講生を目の当たりにして、各地域に必ずあるとは限らない、大学というものの存在を、再確認した。

・学生の気付き、また自治会長の方々の様々なご意見を直接うかがうことができ、気付きの多い授業内容だった。
・90分の授業時間が大変短く感じられ、充実した授業内容でした。総仕上げの最終授業だけあって、学習活動を積み重ねた学生たちの成長した姿が随所に見られた。
・地域との共生は大学に課せられた重要な使命である。授業の中で紹介された春日市との教育分野での連携事業を発展させれば、地域と大学がＷｉｎ－Ｗｉｎの関係を構築できると思った。

大学は、地域の中にあります。これからの大学は、地域とのつながりが益々重要になってくるように思います。大学を地域に知ってもらう一つとして、公開授業をすることも大切なのではないでしょうか。

おわりに

社会人基礎力は、アクション・シンキング・チームワークです。アクションは、一歩前に出るということです。シンキングは、考え抜く力、考える習慣をつけるということです。そして、チームワークがつながっていくということです。これが、アクティブ・ラーニングの基本です。

この本を書いているときに、子どもの姿がつぶさに見えてきました。笑っている顔、考えている顔、悩んでいる顔、いろいろな子ども表情が見えてきました。どの顔もとても真剣です。

これからの授業は、教室から飛び出すことも大事なことになってくるのではないでしょうか。

さらに、学校（大学も含めて）は、地域との連携なくしてはなりたたないように思われます。学校、家庭、地域社会が連携協働して子どもをはぐくんでいくことが大事です。そのためにも、いろいろな形で、三者の交流を深めていきたいと思っています。

本稿は、できるだけ学修者の能動的な学修への参加を取り入れようと試みました。そのため、学生の気付きや反応（感想）を中心に構成しました。

学生が、フィールドワークや体験を通して感じたり、グループ・ディスカッション、グループ・ワークで議論したりする姿は、見ていて、とても活気がありました。

本稿を執筆するにあたり、多くの皆様にご支援、ご協力を得ました。心より感謝申し上げます。

農作業体験を通して「いのち」を体感する

～野菜・米作り・フラワーアレンジメントによるアクティブ・ラーニング～

原口 芳博

はじめに

私たちの日頃の生活の中では、私たちが生きるために色んなものの「いのち」をいただいていますが、そのことは人間として当然のことであると思っているのではないでしょうか。そのためにその「いのち」をいただいているということをあまり意識しないのではないでしょうか。

ここでは私が担当している「いのち」を感じる授業の内容を紹介します。それは野菜作りと米作り、フラワーアレンジメントです。そしてそれらの授業に対する受講生の「いのち」についての心の変化を紹介します。つまり、この授業は「いのち」を体感するアクティブ・ラーニングです。

この授業は教室での講義形態ではありません。戸外で農耕作業体験を行う演習形態です。授業の目的は農耕作業体験を通して、受講生が新たに自分の「いのち」と自分以外の「いのち」を感じ、植物や動物の内に秘められている「いのち」を身体で感じ、意識すること、そして「いのち」の循環という根源的な現象を、作物を育てるという過程を通して、直接的に身体で感じ、万物の「いのち」の大切さを実感することとしています。

ここでは20XX年度のフィールドワークF及びGで受講生に行ったアンケートで得られた結果に対する考察を行い、受講生の意識の変化と特徴を述べます。その後フラワーアレンジメント体験を導入しましたので、それらを通しての受講生の心の変化を述べます。

みる

Ⅰ　授業の目標

この授業の教育目標は、「米作りや野菜作りなど、農耕作業を通して、『いのち』のつながりに気づき、『いのち』の大切さを実感する」としています。また授業内容については、「現代社会の学生は、自分の身体を使って学ぶ機会が少ないのが特徴と言えるでしょう。そのため頭や考えが中心となり、心と身体のバランスが取りにくくなっているように思われます。そこで米作り（いのちと水）や野菜作り（いのちと土）など、大いなる自然に対して、自分の身体を使ったフィールドワーク体験を行っていきます。そうして作物の生長のために、協同で世話をしながら関わり、収穫期には全員で収穫された作物を、蒸かしジャガイモ、蒸かし芋、餅つきなどをして楽しく賞味します」としています。

このように作物を育てるという直接的で具体的な関わり体験を通して、受講生が「いのち」を実感し、意識することを目標としています。また普段体験することが少ない農耕作業という身体活動を通して、「いのち」を観念のレベルではなく、身体のレベルで感じることを目指しています。つまり直接肌のレベルで感じることを習得し身につけることも目指しています。

さらには農機具という道具を使用することを介して、体捌きの上達を体得していくことも副次的に得られます。つまり受講生の持っている生命観の意識を深化拡大させることを目指しています。この活動を体験する経過を通して、私たちは「大いなる自然」の存在の一つである人間だということに気づきます。またそれを納得することによって、自分は生きている存在であると共に、何者かによって「生かされている存在」でもあることに気づけるようになることを願っています。

かかわる・やってみる

Ⅱ 授業内容

授業の内容については、表1及び表2の通りです。担当教員は、この年度は2名でした。なお気象状況や作業の進捗状況によって作業内容を変更しています。

＊外部講師による講義は、Fでは「いのちを生み、いのちを育む」と題して、開業助産師による講義を行いました。

表1　20XX年度フィールドワークF内容

	日程	内　容
1	4/13	オリエンテーション、自己紹介、 ①アンケート　②畑下見　③ヨモギ摘み
2	4/20	①畝（マウンド）作り　②草取り ③野菜植え（きゅうり、トマト、ナス、ピーマン等）④ジャガイモ土被せ
3	4/27	①草取り　②野菜植え
4	5/11	①ジャガイモ土被せ ②草取り　③米作りの説明
5	5/22	①鉄パイプ、板運び（苗代用） ②サツマイモ用畝作り
6	5/25	**籾蒔き** 銘柄：ヒヨクモチ 水遣り当番決定　→　田植えまで毎日
7	6/1	＊外部講師による講義
8	6/8	サツマイモ挿し（ナルトキントキ、ベニアズマ）
9	6/15	田圃の下見、肥料撒き
10	1/10	①ジャガイモ掘り　②畦作り
11	6/29	**田植え** ：小雨決行
12	7/6	蒸かしジャガイモ
13	7/13	①草取り　②収穫
14	7/20	田圃の穂肥（追肥）と観察
15	7/27	振り返り、アンケート

表2　20XX年度フィールドワークGの内容

	日程	内　容
1	9/21	オリエンテーション、アンケート―1
2	9/28	草取り、畦作り
3	10/5	草取り、畦作り、大根・かぶの種まき
4	10/9	野菜植え（ブロッコリ、春菊、レタス等）
5	10/19	**稲刈り**
6	10/26	芋ほり、草取り、畦作り
7	11/2	蒸し芋、大根間引き
8	11/9	畦作り（ジャガイモ用）、草取り
9	11/16	＊外部講師による講義
10	11/30	草取り、野菜収穫、ミニ盆栽作り準備（木の下見）、盆栽用鉢購入
11	12/7	外部講師による講義
12	12/14	**餅つき**、大根収穫
13	12/22	ミニ盆栽作り―1
14	1/11	ミニ盆栽作り―2
15	1/18	まとめ　アンケート―2

フィールドワークGでは「女性の生き方と農事組合法人の起業について」と題して、法人理事の女性による講義を行いました。

＊受講上の注意として、①作業ができる服装（スカート不可）、②運動靴使用（ハイヒール不可）、③軍手持参、④タオル持参、⑤帽子持参、⑥ドリンク持参などをシラバス（講義概要）に明記し、注意を喚起しています。

　表1と表2のような内容で進めています。特に大きな行事は太字として、受講生に喚起しています。担当教員は授業開始時に、黒板に今日の作業内容や必要な道具などを板書し、受講生の意識を明確にします。さらに受講生に渡してあるミニノートにその内容を筆記させます。そのミニノートには作業後の感想や気づきも書くように指示しています。必要に応じて授業後に、授業の感想をシェアするようにして、受講生の心に残るようにしています。授業の進め方としては、受講生を3グループに分け、それぞれリーダーとサブリーダーを自分たちで選出し、円滑な授業ができるようにしています。また担当する畑や栽培する野菜などの担当もそれぞれのグループが責任を持って担当するとい

う基本的なルールを設定しています。これによって育てる作物に対する愛着感と責任感が生まれるようにしています。

野菜作り

栽培した野菜の種類は、フィールドワークFではトマト、きゅうり、ナス、ピーマン、レタス、ジャガイモ、サツマイモ、ゴーヤなどです。フィールドワークGではブロッコリ、大根、春菊、レタス、玉葱、人参、水菜などとなっています。このように春野菜と秋野菜を栽培しますが、特に前期には雑草の生長が早く、はびこり、草取りが大変であり、草取りの重要性を受講生は実感します。

収穫した野菜は受講生で分け合います。受講生はレジ袋に入れた野菜を、「重い」とか「主婦みたい」などと口では言いながらも笑顔で持ち帰ります。それらを自分で料理したり、母親に作ってもらいます。いずれも、「美味しかった」との感想がよせられます。この持ち帰りによって家族との会話がふえるという嬉しいことが起こっています。中には、「次の収穫はいつ？」と催促をする母親も出て来る程です。

また時々は、教職員に野菜をプレゼントし、とても喜ばれています。

このように「収穫の喜びの分かち合い」を大切にしている授業です。

＊コラム：受講生のことば――野菜作り体験

「この授業で、野菜作りや収穫を行いましたが、はじめは畑を耕すことからでしたが、土が固く、鍬の扱い方が難しく、最初慣れない内は大変でした。耕す作業をしながら農家の方々は、これを毎日何年・何十年もやっているのかと思うと、改めて野菜作りの大変さ、いのちのありがたみが分かりました。そして、いよいよ野菜の種や苗を植えるときに、まず仮置きをして、どの辺に植えるかと一定の間隔を保つという下準備をしなければならないということで、もし私が勝手にしていたら、たくさん実ってほしいということで、間隔を空けずに植えていたと思います。しかしそれだとうまく大きく育たないと知り、新たな知識を得ることが出来ました。水やりのときも野菜の一つ一つをじっくり見て、大丈夫かどうかを確認していました。だんだん育っていく野菜の生長に日々感動していました。そして、大根や人参の種を初めて見たのですが、こんなに小さな種から本当に実ができるのかと思っていましたが、収穫の日に行って見ると、それぞれの野菜たちが立派に育っていたのを見て、野菜作りの面白さと大変さが実感できました。よく子どもの様に育てると農家の方々が言っていたのを聞いたのですが、まさにその通りだと感じました」

米作り

米作り（銘柄：ヒヨクモチ）の工程は次のようになっています。

籾（ＪＡより購入＝２・５kg）→5月20日、塩水選（２kg）→温湯消毒→5月25日、籾蒔き（グランド端）→水遣り→6月29日、肥料蒔きと田植え（手植え）→8月、穂肥（青年部に依頼）→10月19日、稲刈り（鎌による手刈り）→乾燥（以降青年部に委託）→精米（２７０kg）→11月下旬、受講生に米配布→12月14日、餅つき（12kg）

田圃はＪＡ福岡市曰佐青年部が管理する南区内の休耕田を使用しています。面積は約１０００平方メートル（1反）です。大学より徒歩7、8分の所にあります。米作りは、全面的にＪＡ福岡市曰佐青年部の協力を得て行っています。

この米作りについては、温湯消毒までは教員が準備します。受講生は籾蒔きから体験し、苗に毎日（土日祝日を除く）朝夕の水遣りを行います。そして田植えのときには田植え足袋を履き、足元がぬかるんでいる田に入ります。そこで中腰となり、昔ながらの手植えによる田植えを体験します。秋には稲刈り鎌を使った稲刈りを体験します。

この田植えと稲刈りという農作業は受講生にとっては日常的な体験ではなく、非日常的で全く慣れない体験です。かつ全身を使う作業活動でもあります。

水遣りについては籾蒔きから田植えまでの間、毎日朝夕に当番で数回にわたってしますが、この間苗が大きく生長していくのを直接見ることになります。この活動によって自分たちが苗を育てているという実感と、それに関与しているという主体的な意識が生じていることが分かります。このような

体験を通して「いのち」に対する受講生の意識が変化していくようになると思われます。

精米した米は、まず受講生全員に２kg配布します。次に関わりがある教職員に２kgプレゼントし喜ばれています。また、同じキャンパスにある幼稚園の餅つき用に15kgプレゼントするのが恒例となっており、いつも感謝されています。最近は米を教職員だけではなく清掃の方や守衛の方など学内の関係者に市販より低価で販売しています。特に清掃の方は米の販売を楽しみにしておられ、ありがたいと感じています。その収入は、餅の販売も併せて受講生の懇親会の補助に充てています。このように生産から販売までというミニシステムが体験できるようにしています。

＊コラム：受講生のことば――米作り体験

「大学生になって、米（＝種もみ）から苗を作ることを初めて体験した。苗を育てるにあたって水やりは非常に重要だった。田植えではまっすぐに植えることが難しかった。まっすぐに植えないと苗に行く栄養が偏ったり、うまく太陽光が当たらなかったりするのではないかと思った。機械で植えると簡単にまっすぐ植えられるが、手作業で植えることで改めて機械のありがたみを感じた。収穫では農協の人に取り方がうまいと褒められた。しかし農協の人は私が3束収穫する間に、6束も刈り入れていた。稲の長さをそろえて収穫することがとても難しかった。足元が不安定で動きにくかったが、農協の人に動きやすい歩き方を教えてもらった。農協の人に様々なことを教えてもらった。農協の人とは普段の生活では関わることがないので、フィールドワークの授業を取ってよかったと感じた」

餅つき

餅つきについては、これも非日常的なハレの行事であり、現代の私たちの社会生活では非常に少なくなりました。なかなか見る機会がない行事になっています。受講生の中でも餅つきを体験したことがある人は予想以上に少なかったです。この作業はもち米を洗った後一晩水に浸けること、それをざるに上げて水気を切ること、蒸すこと、つくこと、丸めること、丸めたものに餡を入れたり、黄粉をまぶすこと、それをもろ蓋や皿に並べるという一連の工程から成っています。

この工程を通して、蒸されたもち米が杵でつかれるうちに、粒状の形から質的に変化し、粘液状になっていくのを目の当たりにして、その全過程に関わるという体験をします。このような非日常の体験ができるということは、現代の日本社会では貴重なことではないでしょうか。さらには普段の日常生活ではあまり体験できない高揚感や爽快感に加えて、達成感も経験できる重要な行事と位置付けることができるでしょう。何よりも全員による協同作業を体験することになり、一体感が生まれ、笑いが辺りに飛び交います。ちなみに、餅の種類は白餅、餡餅、蓬餅、黄粉餅、磯辺餅、おろし餅の6種類と多岐にわたっていますが、これは受講生の希望であり、それに応えて用意します。

餅つきの時に、通りかかって餅つきを見に来た幼稚園児やお母さん方にはつきたての餡餅をプレゼントしますが、餡餅と白餅、それとぜんざい、そして米の販売も行います。販売する時は、担当者を決めます。少しでも売り上げを伸ばすよう担当者はポップを工夫し、寒い中呼び込みをやったりと努力します。これらの収入は前述しましたが、受講生の懇親会の補助に充て還元しています。

つき手については全員が体験するようにしています。職員に協力を依頼しますが、特記すべきは、理事長と学長がそれこそ「昔取った杵柄」で、率先して良いモデルとなっていることです。こうして、理事長と学長、協力する職員と、受講生との交流も深まります。

また、ついた餡餅は大学の全教職員にプレゼントし、師走の最中に収穫の喜びの分かち合いをしています。

＊コラム：受講生のことば——餅つき体験

「人生で初めて餅つきを体験したが、全然自分が思い描いたように上手くつくことができず大変苦戦した。あれはただつけばよいというわけではなく、ついて引くという動作も重要であるし、おなじところをただひたすらつくことは、餅つきとは言わず餅叩きであると思った。力任せにやっても上手くいかず、テコの原理のように上手く力を分散させて、長く継続的に一定のリズムでつくことが、一番重要であると感じた。たかが餅つきされど餅つきでとても奥が深かった。後半は餅を丸め、袋詰めをする作業だったが、これはなかなか楽しかった。しかしあんこを餅にはさむ作業も、とても難しかった。入り口はなかなか塞がらずに餅つき同様に苦戦した。しかし、丸めている最中にあんこ餅を食べるなどして元気になっていた。とても贅沢な餅ランチであった。自分たちで刈った稲で作られたお餅の味は、各段に美味しかったと思う。最後にこの活動を通して、個人で感じたことも多くあったが、私は一番に同じ目的に向かって協力する皆の活動が良かったと思う」

つなぐ

Ⅲ　アンケート結果

授業を受ける前の受講生の意識については以下の通りです。

対象授業は２０ＸＸ年度フィールドワークＦ及びフィールドワークＧです。
対象者はＦが21名（２年生から４年生）、Ｇが29名（２年生から４年生）です。

1．フィールドワークＦ及びＧの初回アンケート

課題：①あなたがこの授業を受ける理由を、具体的に書いてください。

※アンケート結果は、自由記述による複数回答の概要です。

表３　Ｆのアンケート結果

・栽培に興味がある：16名（以下略）
・田植えを体験したい：10
・自然を感じたい：６
・楽しそう：６
・自分の家でやりたい：３
・好きな自然の中で体を動かせる：３
・感謝して食べられる気がする：３
・植物を育てる中で、一緒に育てる仲間とまた新たな人間関係を築いていきたい：２

表4　Gのアンケート結果

・実際に野菜を育てることで活かしたい：3
・自分で作った作物を食べたい：2
・野菜がどのように生長していっているか、後期は注目したい：1（以下同じ）
・普段私達の周りには完成しているものばかりだけど、一から作ってみたいと思った
・前期で他の学年の人々と関わることができ、お互い協力し合って育てることのすばらしさを知った
・小学校の生活に野菜植え、植物育成があり、活かしたい
・米作り、野菜作りを通していのちの大切さや自分が生かされていることを実感したい
・野菜を育て、自ら携わることで、食べ物への感謝の気持ちをより感じられるから
・農家の方の苦労の大切さを学んだ
・餅つきが楽しみ

表3においては、多くの受講生が「栽培に興味がある」と栽培に対する興味を示していました。次いで「田植えを体験をしたい」との希望がありました。「自然を感じたい」と「楽しそう」というのがそれに続いていました。

その他には自然の中で体を動かせること、感謝して食べられるという予感、人間関係への期待感などが特徴と言えます。

これらの内容からは、これから経験する農作業の内容や、それらに関連して生じるであろう期待が記入されたと考えることができるでしょう。全体に栽培に対する関心が高く、Ｆは前期であり、全体的にまだ授業に対する実感が希薄と思われる内容がほとんどでした。なかなか授業内容を具体的には想像できず、観念中心に考え、回答したと考えられるものでした。

これに対して表４は後期であり、Ｆの授業で前期に農作業を実際に体験した学生が多数いました。その影響のためか回答内容はＦに比べて具体的内容が多く、また内容の種類も多くなっていました。例えば、「野菜を育てることで活かしたい」や、「自分で作ったものを食べたい」、「小学校の生活にあり活かしたい」などと、実際的で実利的な考えも示されていました。それと共に、中には自分の体験をもとにして農家の方の苦労を想像するという共感的な内容を表現する受講生も見られました。また異学年との交流についての肯定的な内容も示されました。受講態度としては前期よりも、後期の方が授業に対する期待感が強くなっていることが示されたと思われます。

課題：②あなたは「いのちと土」や「いのちと水」と聞くと、どのように感じ、考えていますか。
これらについて、今あなたが感じることや考えることを書いてください。

表5　Fのアンケート結果

・不可欠で欠かせないものである：23
・密接で関係が深いものである：10
・大切な存在である：10
・大切な資源である：3
・命が生まれ生かされている：2
・食物連鎖になくてはならぬもの：2

表6　Gのアンケート結果

・生きていく上で欠かせず、大切なもの：12
・成長に欠かすことができないもの：2
・必要なもので、いのちに繋がっている：2
・生きるために本当に必要なもので、お互い支え合って生きていることを実感した：1（以下同じ）
・何か一つのサイクルで循環して、いのちが繋がっていると感じた

・土と水が私達のいのちになっているという意識が薄くなっていると思うので、この授業を通してもっと理解し、周りに伝えたい
・以前よりも周囲の環境に目が向くようになった
・土から水、作物、農家の方までを連想するようになった

表5については、「いのち」については多くの受講生が生きていく上で不可欠なものと意識しています。次いで密接で関係が深いもの、大切な存在というのが多くなっていました。その他には繋がりや連鎖を意識しています。ここでは具体的内容の種類が少なくなっていました。やはりまだ農耕作業を体験しておらず、全体に観念中心の内容になったのではないかと思われます。

表6では、Fよりも回答の内容量と種類が増えていました。「いのち」は不可欠だが、「生きていく上で」との形容が記入され、より具体的になったと言えます。またFでは示されませんでしたが、土や水へ言及したものが示されました。これもFで農作業体験をした結果、自分の実感を元に具体的に考えることができるようになったのではないかと言えます。このことは受講生が実際に体験したことを通して回答しており、連想力がより広がったと考えられます。また授業体験によって「いのち」の繋がりが実感を持って感じられるようになったとも考えられます。

2．フィールドワークF及びGの最終回アンケート

課題：③この授業において、あなたが「もっとも印象に残っていること」を挙げてください。
そしてその理由を説明してください。

表7　Fのアンケート結果

もっとも印象に残っていること
・田植え：20
・蒸かしイモを食べたこと：3

その理由
・みんなで：水遣りし、苗を一つ一つ自らの手で植えていく作業をしたこと：5
・直接田植えの体験ができた：3
・手作業できつかったが楽しかった：3
・苗に愛着が出てきた：2（以下同じ）
・生産者へ感謝した

・農家の人の大変さを感じた
・自分も成長できた
・自分で作ったものは買ったものよりも美味しいと実感した
・手間と労力がかかっていることに気づきその愛情に感謝した

表8　Gのアンケート結果

もっとも印象に残っていること
・餅つき：10
・稲刈り：4
・田植え：1
・米作り：1
・野菜作り：4
・収穫祭（バーベキュー）：2
・盆栽作り：1

その理由

・この体験をして、更に食べ物に対する意識が変わり、平気で食べ物を粗末にすることはしてはならないし、これからも子どもを産むようなことになれば、子どもにも食べ物の大切さやありがたみを伝えていきたいと思いました
・気づいたらシャベルの使い方がうまくなっていて、成長したなあと思いました
・バーベキューで他学年といつもより交流することができた
・餅つきで皆で一生懸命育てた米を、一緒に食べることの楽しさと喜びを共有することの大切さを学んだ
・他学年の人と集団行動で、自分からやるべきことを見つけていくことの大切さと行動に移す難しさを感じました
・作物を作る際に大勢でやることによって、人と人との輪も生まれ、みんなで一つのものを作る達成感も味わうことができました
・盆栽を植える木を探している時に、芽が少ししか出てないのに、掘ってみると根っ子が長かったりして、木もしっかり生きていることを実感しました
・自分たちで育てた餅米を収穫し、そして食べるために、お餅搗きをするという全ての過程を自分たちでしたことがとても嬉しかったからです。それと共に感動しました
・餅をついている最中に、道行く人が覗いて、餅をお裾分けして、その人たちも笑顔になると

いう光景も微笑ましく、こういうアットホームな授業を取って良かったと思いました
・あんな小さな種から、私たちが普段食べている野菜にまで成長するなんて、神秘だなと思いました。とても不思議でした。そして食べ物に関して改めて感謝をするとても良い機会になりました

表7については、ほとんどの受講生が田植えを挙げています。次いで蒸かし芋が挙げられていました。やはりこの授業では田植えは最大の活動であると言えます。受講生は今まで履いたことがない二股の田植え足袋を履き、足が10センチ以上めり込む田に入り、一列となり、合図の掛け声がかかると、不安定な中腰の姿勢となります。片手には苗の束を持ち、一方の手にはひと束の苗を持って、全員さらに姿勢を屈めて、一斉に自分の左右の4、5箇所に苗を植えていきます。この同じ動作を繰り返しながら、1000平方メートルの面積に植えていきました。このように全身を使った作業は鮮明な記憶として刻印されたのでしょう。その分記憶は維持され、想起もされやすいものと言えます。この体験は身体はきつかったものの、一方で自分たちが水遣りをして育てた苗に対する強い愛着が生じたことが示されています。さらには自分のきつかった体験を踏まえて、生産者への感謝という想像力の拡大が意識され、表現できるようになったと思われます。

次は野菜作りと収穫です。これについては野菜を育てるという体験によって、野菜が消費者目線の

単なる商品ではなく身近になり、自分の事として実感し、お店などで買ったものより美味しいと記されています。つまり自分が関与したものへの思い入れが働くようになっています。また育てた野菜が実ったという結果から、野菜の生長という過程に関する気づきが生じ、目に見えない野菜の「いのち」の営みなどの背景を意識することができるようになってもいます。これらのことから受講生は「いのち」は相互に繋がっており、それを大切にする必要があると実感することができたと言えるでしょう。

表8は、印象に残っている内容の種類の幅が広がっていました。餅つきの印象が非常に強く、次いで稲刈りと野菜作りとなっていました。他は米作りに関するものと、収穫祭と盆栽作りとなっています。餅つきは本授業の中で最大の活動であり、ハレの行事でもあります。この活動を通して米という「いのち」がその形態を変えていき、質的な変化を遂げて、最後は自分たちが育てた米から作られたその餅を賞味しますが、その時には異口同音に「美味しい！」と喜びと嬉しさを表していました。餅は自分たちの「いのち」を豊かにし、それによって生きながらえるようになることを実感したことが記されています。ここにも「いのち」の連鎖を感じたことが示されています。受講生はこの連鎖や繋がりを感じたと言えます。また道行く人につきたての餅をお裾分けすることからは、喜びの分かち合いが行われることを実際に体験しました。

一方、盆栽の準備活動の中では「木もしっかり生きていることを実感」しています。野菜の生長からは生命力の神秘と食べ物への感謝を意識しています。興味深いのは副次的な効果と言えますが、道具の使い方に慣れ、上手になったことを実感していることです。つまりこの授業によって体裁きが上達したことへの気づきも示されました。

このことを敷衍すると受講生の今後の生活能力の向上に役立っていくであろうと考えられますし、「生きる力」が育成されたと言えます。全体ではGの方がFよりも内容が豊富になり、その種類も増加しています。このことは受講生はこの授業を身体全体で体験した結果、連想力、想起力、想像力、観察力など多岐にわたる力が豊かになったと考えられます。

課題：④この授業において、あなたが「いのち」について、学んだことを書いてください。

表9　Fのアンケート結果

・共に支えあって生きている：5
・水やりをし、生長を見ていのちの大切さを感じた：3
・いのちの強さ・感謝を忘れないように・自然の大切さがとても良く分かった：2
・トマトが鳥に突つかれている。虫の死体を蟻が運んでいる。それで私たち人間も小さな虫たちも繋がっている：1（以下同じ）
・どんなものでも「いのち」は宿っているのだから、今後も大切に育てていくべきであることを学んだ

・野菜の生長を見て、人間と植物のいのちは共通と思った
・地球には沢山の「いのち（ミミズ、幼虫など）」があると知った
・自分、周りの人、物を大切にしていかなければいけないと気づいた
・作物や人の命の繋がりの密接さ、連鎖を実感した

表10　Gのアンケート結果

・野菜は私たちのいのちを繋いでくれている大事なものであり、いのちのありがたみについて学びました：3
・植物の生長や何かの生長を見ることで、私の内面も感情豊かになり、成長したんだなと思います。野菜を育てることで、自分の内面の成長にも繋がったと思いました
・食べるということの大変さに気づきました。お金を出せば手に入る食べ物なんだけど、口に入れるまでに、たくさんの人の苦労と努力と愛で私の命は繋いでもらっているのだと思い、同時に感謝の気持ちを持ち続けようと思いました
・今の時代、家の側に山がない。畑がない。下手すれば土がないという環境になっています。この授業を通して土に触り、泥んこまみれになりながら食べ物を食べ、みんなで食卓を囲むという貴重な体験をすることができ、一生忘れない授業だなと思います。このようなこ

とを広めたり、自分の子どもたちにも体験して欲しいと思いました

・さっきまで土で生きていたものを、引っこ抜いて食べるということが、野菜へのありがたみが大きく感じるので、とても健康な生活をしていると思いました。これからも食物を大事にして野菜を食べ、体に悪いものはあまり食べないように努力します

・盆栽作りの植える木を校内で探して見ると、大きな木の近くに小さな芽が出ているなど、身近に「いのち」は溢れていることに気づくことができた

・植物を育て、それが私たちの体に入り、私たちが成長する過程で、自然は植物や動物、人間が相互に影響を与えて、巡るからこそ、たくさんの「いのち」が成り立っていくのではないかと思いました

・私たちの口の中に入るまでに、たくさんのいのちを犠牲にしていることを改めて感じました。そしてこれから母親になる時に「いのちの誕生」を自ら感じることができ、より「いのち」について、生命の誕生や成長の素晴らしさを感じる機会が増えていくと思います。この気持ちを忘れずに、これからも自然を大切にし、感謝の気持ちを持ち、自然と共存していこうと思います

・自分自身一番変わったことは、食を大切にするようになったことです。今までは野菜などを見ても、ただの野菜としか思われなかったけれど、最近は命ある野菜と思うようになり、食の恵みに感謝して、食べるようになりました

表9については、受講生は「いのち」の共生に気づき、作物の生長を見て「いのち」の大切さや自然の大切さを実感しています。また「いのち」の強さや感謝の念を感じてもいます。その他多岐にわたる内容になっています。総じて自然界には「いのち」が多くあることの実感とそれらは繋がっているという気づきが示されています。つまり農作業体験を通して、作物を育てていくという体験をすることによって、受講生は「いのち」の相互連鎖を感じる一方で、「いのち」を感じにくい現代の生活環境にも気づいたと言えます。

表10については、野菜は私達の「いのち」を繋いでくれるものであり、「いのち」への感謝がまずは示されています。そして記入内容の量が多くなったことと、その表現が具体的となり、内容も豊かになっていることが特徴と言えます。それは自分の体験を内省する力が育ち、深くなり、後期の最後の時期になって、このようなアンケートなどに答える機会に、それが明らかになったのではないでしょうか。それにしても実に各人なりの表現の仕方で、「いのち」の繋がりと広がり、「いのち」の素晴らしさへの感謝、喜びの共有、土との疎遠化と土への回帰、次世代へ伝達したいことなどが適切に表現されています。また「ただの野菜から命ある野菜」へと意識が変化し、かつ「食の恵みへの感謝」など、謙虚な姿勢も涵養されたと思われます。

つなぐ

Ⅳ　考察とまとめ

本授業の教育目標や授業内容については、前述しましたが、現代の若者は知識習得という観念中心の受験勉強から「受験戦争」と命名される競争原理に晒されて、余裕が持てず潤いの乏しい生活を強いられている状況に置かれていると言えましょう。このような状況で成長してきた現代の学生は、人間関係面では繋がりが弱くなり、また薄くなっているのが特徴と言えるでしょう。また最近の子どもたちは塾通いによってコンビニで一人で買ったものを食べることが増えている現状があるように思われます。逆に家族が一緒になって食事を楽しむという体験が少なくなっているようです。つまり個（孤）食化が進み、家族との関係が弱く薄れてきていると思われます。大人側である親の方も仕事に追われ、手数をあまり掛けない料理を作るようになっているのではないでしょうか。材料を買ってきて作るよりもできあがった惣菜を買ってきて食べることが多くなっている日常生活となってもいるようです。そして休日にはファミリーレストランなどで好きなものを食べることが一般的となっていると言えます。

この結果、いわゆる「お袋の味」や「我が家の味」といったその家固有の料理や味が影をひそめ薄くなったように思われます。また母親が野菜などの材料から調理するという経過が少なく、完成した惣菜を食卓に供するために、子どもは供された惣菜という結果、つまり目に見えるものしか分からないという現象が起こっているとも言えます。その分目に見えない背景は分かりにくく、気づきにくくなっていると言えます。

そこでの生活ではゲーム機器やスマートフォンなどのコンピューターという電子機器を媒体としたデジタルコミュニケーションが中心に行われています。昔ながらのリアルコミュニケーションは衰退して、回避されがちになっていると言えます。この視点に立つと、この授業は育てている作物や受講生同士が生（リアル）のコミュニケーションをする必要があり、受講生同士が協調しないとうまく機能しない授業です。

さらには現代の住居形態を振り返るとコンクリート造りの高層住宅が当たり前となっていますが、これは「都市化生活」を表わしており、近代化の象徴と言える現象です。その都市化とは人工化ということであり、人が土との触れ合いから離れ、遠ざかるということになります。つまり土という有機的な関係から切れ、コンクリートという無機的な世界が中心となることによって、命の営みの実感が乏しくなってきたように思われます。ここでは人は自然現象を感じにくくなり、命の営みが見えにくくなるとも言えます。他方「田舎暮らし」は、土を感じやすく土が身近な生活と言えます。そこは有機的な世界であり、命の実感が得られやすい環境にあります。また動植物などの命の営みが見えやすい生活でもあります。したがって都市化生活をしている受講生が、田舎暮らしの要素が多々ある本授業を経験することによって、「いのち」の実感をすることができる機会を提供していることになります。つまりこの授業では「いのち」の源である「土」を意識し、「水」を感じることができます。さらには人間が自由にコントロールできない大いなる自然の存在を感じることもできるようになっています。

そこで、本授業の内容は前述の受講生のアンケート結果に示された通りです。つまり受講生は都市化生活をしながらも、本授業の農作業を通して田舎暮らしの要素を体験できていることが示されたと考えられます。アンケート結果から考察すると表11のようにまとめられるでしょう。つまり受講生の色々な変化を受講開始時と終了時とで対比すると以下のようになります。考えるレベルは観念思考レベルから具体的思考レベルへと変化したと言えます。物事に対する意識は他人事・傍観者意識から自分事・当事者意識へと変化したと言えます。観察力は漠然・粗雑から明確・繊細へと変化したと言え

表11　受講生の意識の変化

	授業開始時	授業終了時
考えるレベル	観念思考レベル	具体的思考レベル
物事に対する意識	他人事・傍観者	自分事・当事者
観察力	漠然・粗雑	明確・繊細
自然観	縁遠い・薄い	身近か・濃い
「いのち」の連鎖感	観念的・知識中心	具体的・体験中心
食べ物観	生命維持中心の物	生命を繋ぐ重要な存在
「いのち」の実感	弱い・薄い	強い・濃い

ます。自然観は縁遠い・薄いものから身近・濃いものへと変化し、「いのち」の連鎖感は観念的・知識中心から具体的・体験中心へと変化したと言えます。食べ物観は生命維持中心の物から生命を繋ぐ重要な存在へと変化したと考えられます。

最も重要な「いのち」についての実感は、弱い・薄いものから強い・濃いものへと変化したと考えられます。これらの変化から受講生の「いのち」についての意識は、肯定的に変化したと言えます。これらの多様な変化から、本授業の教育目標は受講生が満足する程度に達成されたと考えられます。それと共に受講生の感受性は練磨され、異学年にわたる人間関係の協調性も育成されたとも考えられます。また副次的には農具の使用に慣れることによって、体捌きが上達したという自覚も示され、身体機能の改善が図られたことも挙げられます。

さて、心理学は発達的視点がその重要な基本となっている学問ですが、この発達という過程がこの授業には備わっています。受講生は米や野菜を育てるという体験をしますが、これは命ある物の生長に深く関わるという体験をすることです。このような体験は、カウンセラーや心理療法家がカウンセリングや心理療法におけるクライアント（相談者）の回復と成長の経過に関わることとも関連し繋がるものと言えます。クライアントの回復と成長という経過に立ち会うということは、作物を育てるときの関係と共通していると言えます。それは関わる相手つまり育てている作物に関心を向け、大切にすること、そしてその回復と成長を心の底から願うことと重複します。このような視点は教育学や保育学においても同様であり、本授業はこれらの人を育て、関わる関連諸学とも連携しています。つまり「いのち」に関する主体的で総合的発見学習として位置付けることができると考えられます。

受講生の最も重要な意識変化としては、「いのち」の繋がりを実感するようになり、「いのち」に対して傍観者意識（他人事）から、当事者意識（自分事）へと変化したことだと考えられます。このような変化は生き方の変化と言えます。つまり主体的に生きる生き方が本授業を通して体験されていると考えられます。それと同時に大いなる自然を意識せざるを得ない体験と、そこに回帰していく方向性の体験をしているものと考えられます。このように「いのち」についてのアクティブ・ラーニングが実践されています。

V　おわりに

本授業の問題点としては、いくつかありますが、受講生の多くに見られる特徴として、しばらくすると作業の手を休め、お喋りが多くなったり、何もしないで他の受講生の活動をただ見ている者が出てくることです。また指示された作業はしますが、それが終わると、次の指示を待つ者が割合多くいることが挙げられます。これを改善することについては、今から行う作業の意味や目的を説明し、作業の仕方を具体的に指示し、理解を促してから作業をするという工夫を始めています。また実際に道具を使い、使い方や植え方をやって見せるなどの具体的なモデルを提示することが有効であり、これも導入しているところです。

また作物を「育てる」ことも重要ですが、今後は育てた作物をどのように「美味しく調理する」かということも重要であると気づかされています。従って調理体験の機会も増やし、共に食していくことをもっと取り入れる予定です。この点では食育の役割も担っている授業になっていると言えます。

このように、「いのち」の営みを感じることを通して受講生の生きる力が培われ、生き方が主体的になるという重要な意味を持っている本授業は、本学にとっては、オンリーワンの貴重な授業と言っても過言ではないでしょう。

次に、新しく導入したフラワーアレンジメントについて、受講生の心の変化を述べます。そのタイトルは、フラワーアレンジメント体験としました。副題に「花を活かす」ことを通しての受講生の心の変化としました。

みる

Ⅰ　はじめに

２０ＸＸ＋１年度のフィールドワークＧにおいて、「花を活かす」と題して、初めてフラワーアレンジメントを取り入れました。フラワーアレンジメントを取り入れた理由は花が持っている人の「いのち」を癒す力を受講生が体験することが重要だと私が気づいたからです。この体験をした受講生は花に対するイメージが明らかに変化しました。フラワーアレンジメントの作品を作るという行為を通して受講生には様々な心の変化が現れました。その心の変化をここではこのフラワーアレンジメント体験に関する受講生のアンケートの結果を通して述べます。

Ⅱ　フラワーアレンジメント体験

準備としての花の意味を知る

まず講師（花店経営者）から、花は古来よりなくてはならないものであり、花の楽しさや花の意味を知ってほしい、花で世の中を幸せにしたいとの熱い説明がなされました。また花を贈るということは、贈る側の人の心が伝わるものであり、それには花が一番伝わりやすいということが強調されました。そのため花を選ぶ時には、①目的に合わせる、②季節感を加える、③形容詞を訊く（明るく・華やか・可愛く・上品に・豪華に・爽やかになど）ことを念頭に置いているとのことでした。その説明の際に「花に見る〝色〟の特徴」という資料が配布されました。それは「色、特徴、説明、言葉（意味）」の4項目に分けられており、「黄色、オレンジ、赤、ピンク、紫、青、緑、白」の8色が記載されていました。

ちなみに黄色の特徴は進出色で、説明は、

・屈折率が一番小さく、〝飛び出した〟ように見える。

・前に進もう！　元気でね！　という気持ちを表す。

・注意を喚起する色（信号、標識、園児の服や持ち物）。黄色の花はアクセントとなるので小さな面積にします。

とあり、その言葉（意味）は「希望・幸福・健康」とされていました。

赤の特徴は、生命力色で、説明は、

・生まれた子供が初めて認識する色～赤ちゃん。

・勇気や強い愛情を表す色。赤は、元気を与えたい時に使い、エネルギーに満ち溢れた色です。

・赤い花は人を元気にします。同系の暖色や銀色を添えると引き立ちます。

とあり、その言葉は「挑戦・勇気・元気」とされています。ここでは花の色の意味についての紹介がなされました。

フラワーアレンジメントの基本

続いて「フラワーアレンジメントの基本」についての説明がなされました。アレンジメントの基本は8タイプとなっています。順にホリゾンタル（アルミワイヤーまたはチキンワイヤーを使ったもの）、トライアンギュラー（三角形に構成された一方見のもの）、ファン（セロテープで花留めをしたもの）、オーバル（楕円形または卵型に構成する一方見のもの）、コウン（円錐形の四方見のもの）、クレッセント（三日月型に構成した弓なりの曲線が美しいアシンメトリーの一方見のもの）、パラレル（平行、装飾的、非対称形のもの）、ベゲタティーフ（植物が自然界で生育しているように構成するもの）

という8タイプが簡潔に説明されました。この説明によって受講生が作品を作る際の具体的な手がかりが得られ、作品作りのイメージが明確となりました。ただし、このような基本はありますが、受講生が好きなように作ることが大事であると説明されました。

三つの目当て

最後に、「三つの目当て」が強調されました。それは「①誰に贈るのか」、「②花を大切に」、「③好きにする」という目当てでした。つまり作品を作る際には、贈る人を明確にし、その人のことを具体的にイメージして作ることが重要であることが伝えられました。また花を大切にということは、「花のいのち」を大切にするということであり、どの花をどのように活かすかということでもあるように思われました。好きにするということは、作品を作る人の心を一定の型に嵌めこむのではなく、作る人の主体性を重視することであり、それによって作る人の心が自由な状態となり、そこに想像性や創造性が発揮され、その人らしさ、つまりその人の個性が現れて来ると考えられます。またそこには贈られる人が幸せになるようにという贈る人のメッセージが込められており、それは贈られる人の幸せを心の底から願うという祈りと同じような心の機能があるように感じられました。従ってこの三つの目当ては、フラワーアレンジメントを行う上で、非常に重要な心の姿勢を示していることが分かりました。

かかわる・やってみる

材料と作り方

材料は、赤いバラ、スプレッドのオレンジのバラ、スプレッドの黄色のバラ、ピンクとオレンジのガーベラ、ピンクのカーネーション、ヒムロ杉が用意されていました。一人に各々一本が基本でした。スプレッドのバラとストックは、2色のうちから色のバランスを考え、各1色を選ぶようにとの指示がなされました。それらの材料をイメージに合わせ、鋏で作り、切った花をオアシスに挿して、写真のように作品を作り上げていきました。

＊コラム：受講生のことば——フラワーアレンジメントの気づき

「本当に疲れて、フラワーアレンジに行ったのですが、すごく癒されているのが分かった。気持ちがなごんで、穏やかな気持ちになった。花は、それぞれに個性を全面に出しているものだと思った。そして、人間と同じように、この花とこの花を近づけると強すぎるから、この花を入れて調和させるというような感じで、とてもおもしろかった。初めてフラワーアレンジメントをさせていただき、一つ自分のリフレッシュ方法を見つけた気がする。ありがとうございました」

ひらく

Ⅲ　アンケートの内容と結果

アンケートに回答した対象者は、17名（2年生＝16、4年生＝1）です。

内容：①講師の「花を活かす」の講義を聞き、貴女の花に対するイメージがどのように変わったのかを書いてください。

表1　内容①のアンケート結果：心の変化

心の変化
・花を渡されたら絶対にテンションが上がる
・花を贈るときは色に込められた思いも考えながら贈ろうと思った
・言葉で伝えるよりも、花で自分の気持ちを伝えることの方が、何倍も効果があるのではないかと思った
・気持ちが込められるようになった
・心まで癒され、温かい気持ちになることに気づいた

・生ける時もあげるときも心が表れるなあと感じた
・心が落ち着き、嫌な気持ちが洗われるような気になれました

表2　内容①アンケート結果：花の力や色

花の力や色
・人を元気にしたり、穏やかにしてくれる
・言葉では表現できない部分をアートで表してくれる存在だというイメージに変わった
・花に対してもとても綺麗なイメージだけでなく、元気なイメージに変わった
・花には心を癒す力がある
・花には人の心を温かくするものがあり、花に癒されていると感じた
・花はとても可愛くて一生懸命咲いていて、癒してくれるイメージになりました
・花の色にはそれぞれに意味があり、色によって人の気分が変わるのだろうなと思った
・花の色にはちゃんと意味があるんだなと知り、花のことが好きになりました
・人の生活を華やかにする

作品作りと作品

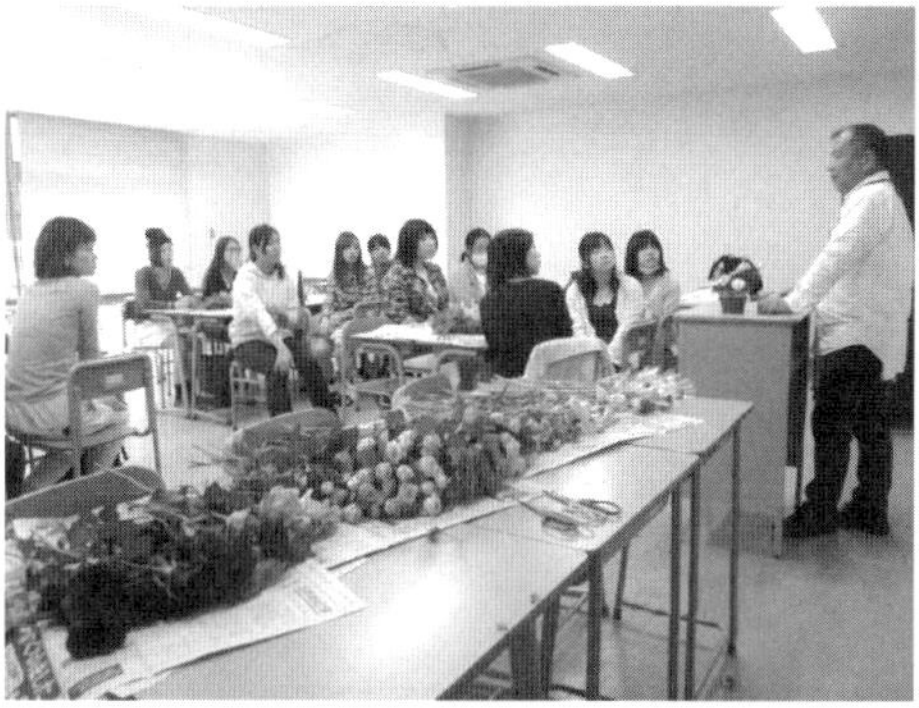

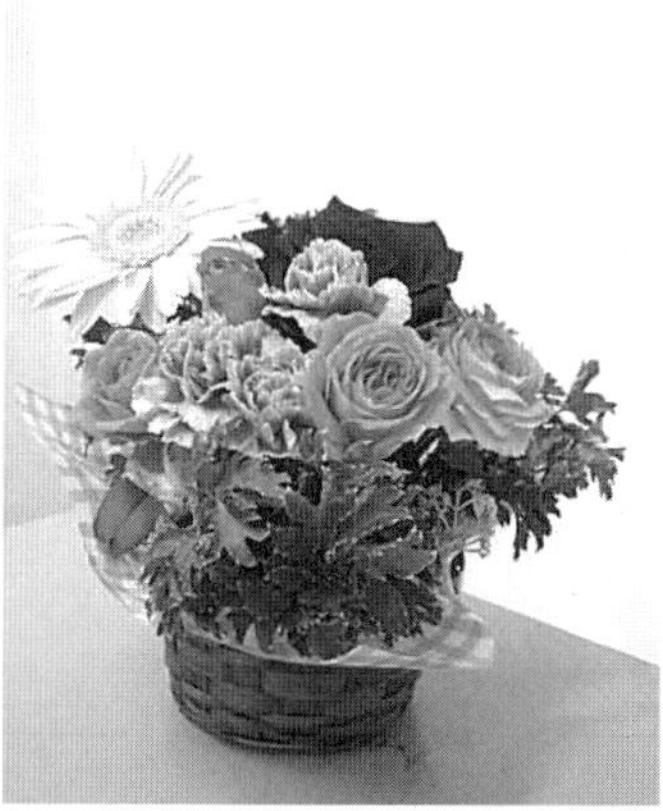

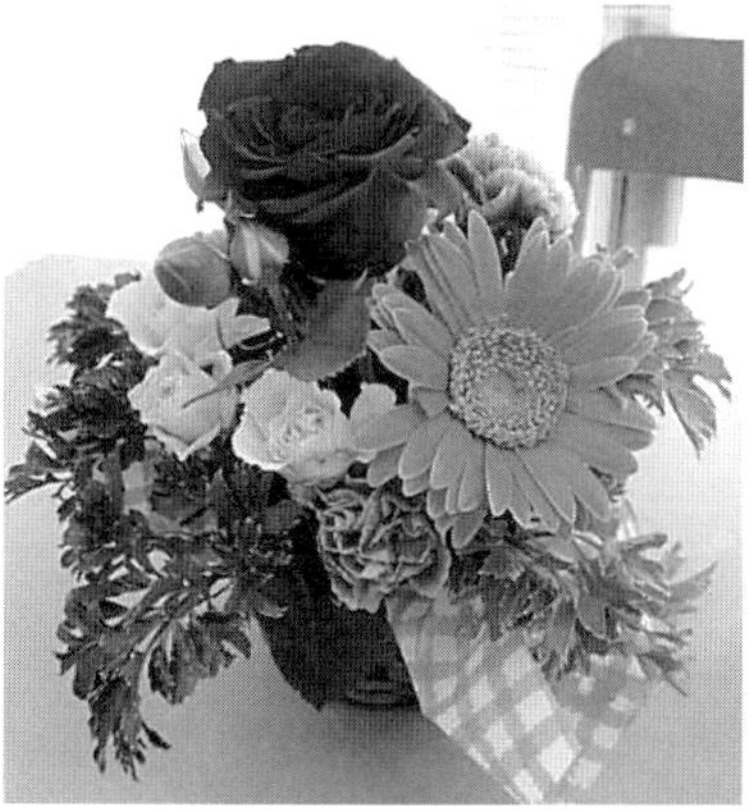

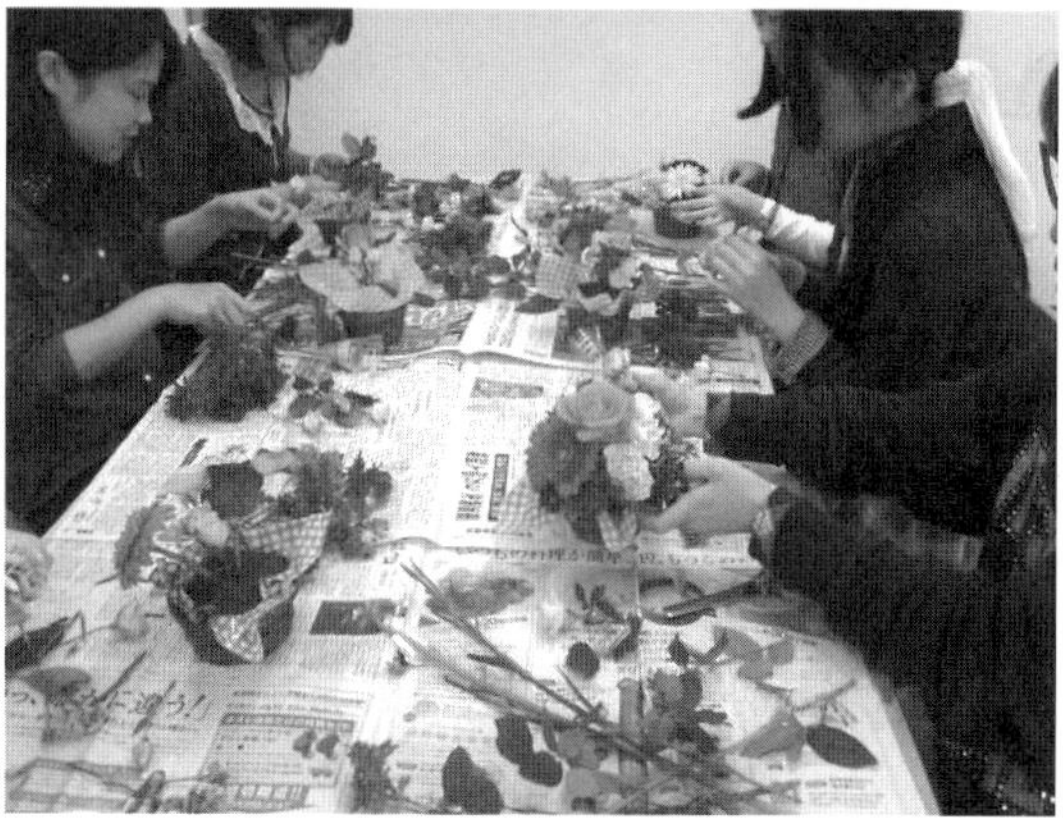

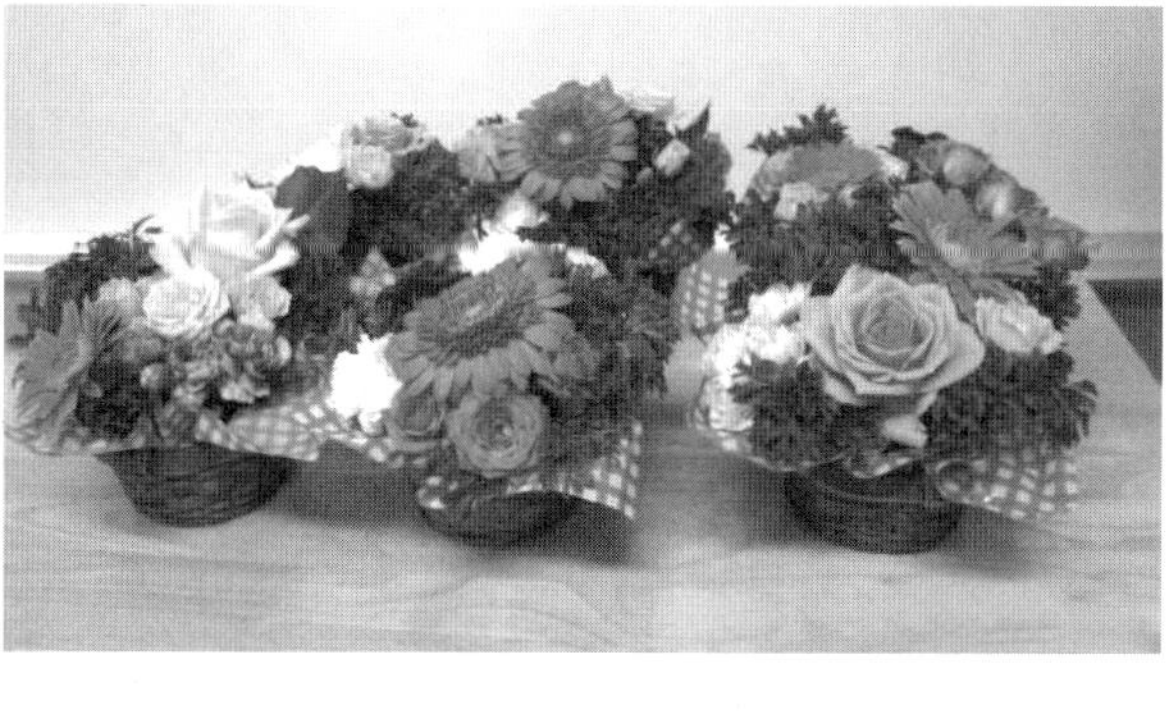

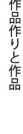

内容①の結果からは、受講生は花に対して、全般に肯定的なイメージを持っていることが示されました。更に結果の内容を整理しますと、上記のように①心の変化、②花の色や力という2項目に大別することができます。その内容は心に関するものが大多数で、それは「元気、穏やかになる、癒される、温かい気持ち」などの言葉が特徴的です。次いで花の色や花の力の意味について言及するものとなっていました。

内容：②花を活かした作品を作りましたが、貴女がこの体験を通して、感じたこと・考えたこと・気づいたことを書いてください。

表3　内容②のアンケート結果：心の変化と気づき

心の変化と気づき

・きれいに咲いた花を自分の手でどのように飾り、贈る相手に気持ちを伝えることが重要なのだと感じた

・穏やかな気持ちに変わって、純粋に「大切に全てを使って可愛らしくしてあげたい」と思いました

・花に触れるだけで心が落ち着けたし、心が洗われるような気持ちになった

・無性に作品に愛着が湧き、色んな花をプレゼントする相手に対して、思いを馳せる事が出来ました
・花には心を穏やかにする力があるということで、すぐに渡しに行きたい気持ちになった
・花を手に取るたびイメージが膨らみ、楽しく創造することができました
・贈る相手のことを考えながらやったので、更に気持ちを込めることが出来た
・花を活かしてみると確かに花が自分の気持ちを写してくれていたような気がしました
・花を活けている時とてもわくわくしたし、楽しみながらも一生懸命考えて、なのにとても心が落ち着いて癒される。これは花が持っている力なのかなと思いました

表4　内容②のアンケート結果：花の存在と力

花の存在と力
・花が空間や部屋を活かし、花によって活かされた部屋が逆に花を活かしていると気づいた
・花でもっと多くの人が癒されたり、元気になったり、勇気づけられたりして、皆が幸せになればいいなと考えた
・とても楽しかったし、花はとても元気にしてくれて、すばらしい植物だと思います

・贈る人を決めて、心を決めることによって、花もしっかりと生きてくるように思えました
・こんなに色とりどりの花でも、お互いが主張し合っていて、また香りからも、癒しや無心になることに気づきました
・花の良さ、花を活かすことの楽しさが実感できました
・「花を活かす」という言葉を聞いて、「私ではなく、花が主人公なのだ」と気づきました
・花の色や特徴、花言葉などを考えたり感じて、その花の良さを引き出してあげることが大切なんだと思いました
・花はプレゼントする側もわくわくするし、もらう側も嬉しいし、皆が幸せになれるものだと思いました

表5　内容②のアンケート結果：花の活け方

花の活け方
・自分が思っていた以上に花のバランスが難しかった
・最初からイメージができていたのではなく、作りながらどんどんイメージが膨らませる作品作りだったので、楽しみながらまた、集中しながら作れました
・一本目を挿したところからどんどんと創作意欲が湧いてきて、手が進みました

・最初は戸惑いましたが、やっていくうちにすごく楽しんで取り組めている自分に気づいた。無意識のうちに花から元気をもらっていたのかなと思いました
・自分の好きなように心を込めて活ける事、それが一番活ける上で重要で、楽しく活けれるのではないかと思いました

表6　内容②のアンケート結果：今後の思い

今後の思い
・これからは家に花を常に飾っておきたい
・機会があれば率先してやりたいと思いました
・生命の尊さを学べた気がします。この学んだことをしっかりと活かしていきたい
・これからは時間がある時や嫌な気持ちになっている時は、花を活けたり、花をゆっくり見る時間を取りたいと思います

内容②の結果は、花のバランスが難しいという一人を除き、フラワーアレンジメント体験は、楽しく創造的で肯定的体験であったことが明確に示されています。その内容は、①心の変化、②花の存在と力、③花の活け方、④今後の思いの4項目に分けることができました。ここでの特徴的な言葉は、

「楽しい、癒される、穏やかな気持ち、純粋な気持ち、心の落ち着き、元気になる」などが挙げられます。総じて心が安定し、活性化すると言えます。

ここでも心の変化は非常に多様でありますが、花を活けることによって、作品を作る人の心が花によって刺激を受け、浄化される方向に変化することが認められています。また受講生は花の存在の大きさに改めて気づくとともに、今後も活けてみたいとの積極的な欲求が表されてもいます。花の活け方についても、花を実際に手に取って作り始めてから、イメージが膨らみ、創作意欲が湧いてくることが示されました。このように作品を作る人の心理的プロセスが示されていました。

つなぐ

Ⅳ　考察

フラワーアレンジメントを体験することについて

今回はまず講師から、花と人間の関係について説明がなされましたが、ここではいかに古い時代から花と人間の関係が密接であること、無くてはならぬ物であることが説明されました。花はその色が鮮やかで、人の目を引くものです。またその香りは人の心身を憩わせるものでもあります。人は心を落ち着かせたい時に花を愛で、華やかな花束を抱くだけで、その人は一際引き立ち美しく優しくなります。また人が愛する人に自分の愛を知ってもらうために、花に自分の愛を託し贈ることが自然の行為として行われています。このことは講師から説明されたように、花には人を幸せにする働きがあることを示していると言えます。また「花に見る色の特徴」からは、その詳細は色彩心理学からの意味づけがなされるとさらに理解が深まったように思われますが、作品を作る際の基本的姿勢としては、参考になるものでした。

三つの目当て

特に「三つの目当て」の「①誰に贈るのか」については、贈る際にはあるいは作品を作る際には、贈る対象を明確にすることが重要であるとされました。このことは美しい花を美しいと感じて、そのまま作品にしていくという行為ではなく、まず作る人が贈る人を特定化することが要請されています。ここには作り手が贈り手という対象を明確にしていくという心理的プロセスが設定されており、意識の集中化が図られるとともに意識の収斂化、結晶化が生じていくことも認められます。それ故に作り手は贈り手への思いが強まり、イメージも強まるように思われます。また対象を明確にするということは、作り手と贈り手との関係を明確にするということであり、イメージの具体化が生じ、作品を作る際の動機付けも強まるように思われます。

「②花を大切に」については、それは花の「いのち」や「花の色」を大切にすることと言えます。また「花を活かす」とのテーマの観点からは、作り手が主体というよりは、受講生のアンケート結果に示されていますが、「私ではなく、花が主人公なのだ」ということになると言えましょう。花を主人公にして花のバランスを考えながら作っていくことなのです。「③好きにする」については、作り手が固定的な型に嵌らずに、型から自由になり、主体的になって、想像性や創造性を発揮していくことと言えます。それらの基底にあるのは贈り手の幸せを願うということであります。それは「行動する祈り」の行為そのものと考えられます。このような心の準備が設定されていると言えます。

フラワーアレンジメント体験の心のプロセス

実際にフラワーアレンジメントを体験しますと、作り手はまずは花の美しさに引かれ、しばし花を見入ることから始まりますが、同時にバラのいい香りにしばし至福を味わいます。この頃になると花の魅力に引き入れられている状態になっているように思われます。そうして贈り手を誰にしようかと考えていたのが、誰にするかが決まり、花を見ながらさらに、配置や組み合わせのイメージが強まり具体的になっていきます。そうしながら何回も赤色やピンクや黄色のバラを見直しては、さらにイメージを膨らませ、高さや角度を決め、花を挿していきます。挿しては次にどうするのかを自問自答していきます。バラによって中心を決めた後に、できて来ている作品を数度見ては、贈り手へのイメージと花のイメージを結び付けていきます。バラの周りのストックの配置を考え、背景にするヒムロ杉を切っていきます。このような経過をたどりながら作品を作っていきますが、次第に作り手の心には雑念が減り、平安で穏やかな気持ちになっていることが、アンケート結果の内容①及び内容②からも実感されていることが分かります。

花のイメージの変化について

ここでは花のイメージの変化について問うていますが、得られた回答はフラワーワレンジメントを体験したことを通しての作り手の心の変化と花のイメージの変化が回答されていました。心の変化については「心まで癒され、温かい気持ちになることに気づいた」や「心が落ち着き、嫌な気持ちが洗われるような気になりました」に表されているように、肯定的な方向に心が変化したことが示されています。花のイメージについては「人を元気にしたり、穏やかにしてくれる」や「花には人の心を温かくするものがあり、花に癒されていると感じた」と花の持つ力への気づきが示されています。また花の色については「花の色にはそれぞれに意味があり、色によって人の気分が変わるのだろうなと思った」と「花の色にはちゃんと意味があるんだなと知り、花のことが好きになりました」と花の色の意味を理解したことと、その色と人の心とが関連していることへの気づきが示されています。ここでは花という存在が美しい存在であるという鑑賞的な視点ではなく、花が持っている色には意味があり、それと人間の心の動きとが関連しているという相互の関連性への気づきが示されています。つまり花を他人事に見るのではなく、自分事として見るようになっていることが示されています。換言すれば心理学の観点では対象に対する自我の関与が深まったと考えられます。その分作り手の心が積極的に花という対象に関わるように変化したことを示していると考えられます。

フラワーアレンジメント体験による心の変化について

アンケート結果の内容②からは、「①心の変化」「②花の存在とその力」「③花の活け方」「④今後の思い」の4項目に大別できました。

①心の変化については「きれいに咲いた花を自分の手でどのように飾り、贈る相手に気持ちを伝えることが重要なのだと感じた」や「花を手に取るたびイメージが膨らみ、楽しく創造することができました」などに代表されるように、特徴的な言葉としては「楽しい、癒された、穏やか、優しい、幸せ、純粋な気持ち、心の落ち着き、楽しく創造」などが挙げられます。これらの言葉は肯定的な感情や情緒を表現したものです。つまり花を活かすという創造的な行為を行うことにより、作り手の心理状態が肯定的に変化するということが理解できます。

②花の存在とその力については「とても楽しかったし、花はとても元気にしてくれて、すばらしい植物だと思います」、「こんなに色とりどりの花でも、お互いが主張し合っていて、また香りからも、癒しや無心になることに気づきました」のように、花の存在に改めて気づいたことや花の持つ癒しの力に対する気づきが示されています。

③花の活け方については、「自分が思っていた以上に花のバランスが難しかった」と否定的な内容は一人のみであり、他は「最初からイメージができていたのではなく、作りながらどんどんイメージが膨らませる作品作りだったので、楽しみながらまた、集中しながら作れました」、「自分の好きなように心を込めて活ける事、それが一番活ける上で重要で、楽しく活けれるのではないかと思いました」

と、作りながらイメージが膨らみ、自分の好きなように心を込めて活けることが重要で、楽しく活けれるとの肯定的で、積極的な姿勢が示されています。

④今後の思いについては、全てが今後も「花を活けたい」と積極的な思いが示されています。特に「生命の尊さを学べた気がします。この学んだことをしっかりと活かしていきたい」というのは、作り手がフラワーアレンジメント体験をする中で、花を介して、また贈り手への思いを通して花の「いのち」と人の「いのち」の「尊さ」つまり命の尊厳についての体験的な学びが得られ、それを自分の生活に応用したい気持ちが明確になったと思われます。

Ⅴ まとめ

本授業の歴史と実際については、辻（２００６）により農耕作業という体験優先にて「いのち」を実感していくとまとめられています。このように土に触れることの重要性は、竹熊（１９８３）によってすでに実践されています。

今回のフラワーアレンジメント体験については、まず本物の花という刺激を受けて、受講生の五感が活性化したように思われます。つまり花の美しい色や形を見て視覚が刺激を受け、花の香りを感じることによって臭覚が刺激を受け、花を活けることによって触覚、視覚、臭覚が同時に重層的に刺激を受け、受講生の意識が変容していったものと思われます。いずれも受講生の反応としては快感を感じていることは明らかに認められています。それに連動して、想像性や創造性が湧出し、非日常的な高揚状態となり、作品作りが進んだと言えます。この際には「三つの目当て」が受講生には意識され、さらに思い入れが強まったと考えられます。それにしても花そのものが持つ人を変える癒しのパワーが実際に体験されたのは嬉しい限りです。このパワーとはアンケートに示されていますが、いずれも肯定的感情が体験されており、受講生の心と身体が活性化したことは素晴らしい体験でした。このことを換言しますと古来より「真善美の源なる神」と言われていますが、このフラワーアレンジメントでは花という美に直結している存在に直接触れることになります。そしてここには贈り手の幸せを願って作るという愛の仕業が働いているために、その作り手は善なる存在に近づき、こころが純粋に優しくなっていったと考えられます。このように特に美と善に直接つながる体験をフラワーアレンジメントを通して、受講生は体験できたとも言えます。それならば受講生は浄化されるでしょうし、愛の実行によって「真善美の源なる神」に繋がった結果、受講生のこころ、体、たましいという三者にバランスが取れ、「調和」が生まれたものとも考えられます。このような体験は講義形式の授業では、体験しにくいものであり、演習形態である本授業の特徴が良く表れたと考えられます。

今回のフラワーアレンジメント体験は、受講生のこころを肯定的に変容させる要素を持っていることが示されましたので、今後も取り入れる予定です。課題としては90分授業という制約があり、時間が不足しましたので、この反省に立って次回は事前に受講生の手元に材料を置き、手順を明確に伝えるという改善策を取る予定です。そうしてできた作品についての感想などの分かち合いをする時間をできるだけ取ることによって、さらに体験の共有を図っていきたいと考えています。

＊コラム：受講生のことば――「いのち」についての気づき

「野菜作りでは、間引きという作業があることを初めて知った。一度植えた作物は、最後まで大切に育て上げ、収穫するものだと思っていた。しかし、大根などは途中、間引きをしなくてはならないことを知り、間引きされた芽が可哀想に思えた。大根一本を立派に育てるには枯れてもいない他の芽（いのち）を犠牲にしなければならないという残酷さを感じた。いのちを犠牲にしている分、無駄なく使う、大切に使うなど感謝の気持ちを表してほしい。私も講義を受けてから、大切にしようという気持ちが強まった。

いのちについてマイナスなことばかりを感じたわけではない。特にフラワーアレンジメントを体験したときには、花といういのちの素晴らしさを実感することが出来た。相手のことを考えながら自分で花をアレンジすることで、相手にも想いが伝わる上に、自分自身もアレンジメントした花に愛着がわき、嬉しい気持ちになることが分かった。また、中庭、花壇整備の際にも、自分で花を植えることで、今まで見てきた中庭、花壇とは違い、より一層輝いて見え、大切にしようという気持ちになった。このように想いや手を加えることで、いのちあるものは、人の気持ちを変えるほどの影響力を持つものとなることが分かった。いのちに関わることで、人間は優しい気持ちになれるのだと思った」

おわりに

受講生の「いのち」に対する感じ方はいかがだったでしょうか。それぞれに自分のいのちと重ね合わせながら、他の植物や動物の中にある「いのち」についても、目には見えませんがしっかりと感じているのではないでしょうか。そうして自分たちの「いのち」だけではなく、その他の「いのち」あるものも大切にすることにも気づいていると言えます。

このように受講生は「いのち」と「いのち」の関わりや、「いのち」の繋がりを体験として実感したと言えます。おそらく身体を通して実感したこのような「いのち」についての学びは、受講生の身体に記憶として残り、今後何らかの折に、それを思い出し、周りの人達に伝えていくという「いのちの連鎖」が起こるのではないかと信じています。そしてそこには自分を超える偉大な存在によって生かされているという謙虚な思いがあり、感謝の念と喜びがあることでしょう。

この授業は、受講生が「いのち」を体感するだけではなく、担当している教員も野菜・米作り・フラワーアレンジメントという農耕作業を通して受講生と同じように「いのち」を体感しています。その結果私は今まで以上に「いのち」を大切にする生き方を歩むようになりました。

最後になりましたが本授業を一緒に担当して頂き、指導を頂いた福岡女学院大学名誉教授辻厚治先生に深く感謝申し上げます。

尚、本稿は、福岡女学院大学教育フォーラム「フィールドワークF及びGにおける農耕作業体験―

「いのち」についての受講生の意識変化―」（第13号）と「「フィールドワークGにおけるフラワーアレンジメント体験―花を活かすことを通しての受講生の心の変化―」（第14号）を改稿したものです。

文 献

竹熊宜孝（１９８３）土からの教育　地湧社　p136-169
辻厚治（２００６）一粒の種―〈私〉が哲学すること―　創言社　p83-117
原口芳博（２０１１）フィールドワークＦ及びＧにおける農耕作業体験―「いのち」についての受講生の意識変化―　福岡女学院大学教育フォーラム第13号　p173-183
原口芳博（２０１２）フィールドワークＧにおけるフラワーアレンジメント体験―「花を活かす」ことを通しての受講生の心の変化―　福岡女学院大学教育フォーラム第14号　p89-96

孔雀の姿に学ぶ

——失敗を成功に変える力——

アクティブ・ラーニングについて学ぶときに、失敗を恐れてばかりいると、何か活力がでてきません。今の子どもだけでなく大人も含めて、あまりにも失敗を気にしすぎているようにも思われます。考え方を変えて、「失敗から学ぶ」ということも大事になってくるのではないでしょうか。

孔雀の守護神の一つに、孔雀明王というのがあり、経典（お経）の中にも「孔雀明王経」というのがあります。孔雀という鳥は、不思議な鳥であり、ものすごい悪食です。コブラのような毒蛇やサソリなど、人間が嫌がったり、怖がったりするものを食べる習性を持っています。しかし、そういうものを食べて、出来上がってくる姿は、この世のものとは思われないほどの美しい羽を広げる姿です。これは、天国的なるものの象徴の一つかと思われます。

お釈迦様の言葉の一つに、「泥沼のなかから蓮の花が咲く」というたとえ話があります。確かに、蓮は泥沼の中から咲いています。ドロドロとした汚い悪臭を放つ泥の中から、見事な花を咲かせています。「泥沼のような汚い所から、すくすくと茎が伸びて、きれいな天国的な蓮の花が咲く」という話が、悟りのたとえとして説かれています。

これらは、大切なことは失敗を成功に変える力だということではないでしょうか。

2015（平成27）年3月

編　者

■執筆者略歴

浮田英彦（うきた　ひでひこ）

福岡女学院大学人文学部現代文化学科教授、キャリア開発教育センター長
神奈川県生まれ、熊本大学大学院社会文化科学研究科博士後期課程単位取得退学。

百貨店の開業準備室から外商部に勤務、その後航空系ホテルで外国公館、皇室（御成）担当、マーケティングを経て短大教員、大手専門学校教員と多彩なキャリア経験を持つ。

厚生労働省所管 労働政策研究研修機構でキャリア教育に関する研究に従事。

専門は観光サービス産業の人材育成とアクティブ・ラーニングの実践的研究。

著書『THE　HINT！仕事選びは生き方探し』（共著 2011 ミッションプレス）『弱みを強みに変える　本気が目覚める課題解決型学習』（共著 2013 梓書院）『心をつかむビジュアル・ストーリー型プレゼンテーション』（編著 2015 梓書院）ほか

日野資成（ひの　すけなり）

福岡女学院大学人文学部現代文化学科教授
神奈川県生まれ、ハワイ大学大学院博士課程修了、言語学 Ph.D。スタンフォード大学客員教授。

旧華族霞会館会員。堂上会会員（爵位：伯爵）。日野家第 44 代当主。

神奈川県立高校で 14 年間国語教師。アメリカ留学後、現職 15 年。教育に情熱を傾ける。正中の変の立役者で徒然草にも登場する日野資朝《すけとも》など、代々国語学の文章《もんじょう》博士を輩出する日野家の歴史を受け継ぎつつ、新たなことにチャレンジする。

著書『日本語系統論の現在（共著）』（2003 国際日本文化研究センター）、『語彙化と言語変化（翻訳）』（2009 九州大学出版会）、『ベーシック現代の日本語学』（2009 ひつじ書房）ほか

伊藤文一（いとう　ふみかず）

福岡女学院大学人文学部現代文化学科教授、教職支援センター長
福岡県生まれ、東京学芸大学大学院修了後、福岡市で中学校の教諭となる。その後、中学校校長、福岡市教育委員会指導部主事、同教職員部主事などを歴任する。この間、九州大学大学院を修了。
福岡市教育センター人権教育非常勤嘱託員、佐賀市教育委員会第 3 者評価委員、春日市教育委員会学校運営委員。
著書『信頼を創造する公立学校の挑戦』（2007 ぎょうせい）、『君の夢　風になれ　雲に乗れ』（2011 櫂歌書房）、『Teacher's Teacher 2』（2012 櫂歌書房）、『本気が目覚める課題解決型学習』（2013 梓書院）

上野史郎（うえの　しろう）

福岡女学院大学算数教室指導者
福岡県生まれ、福岡教育大学教育学部中学校教員養成課程数学科卒業後、福岡市の数学教師として、壱岐中学校、城西中学校、元岡中学校、城南中学校、片江中学校、能古中学校を経て、現在に至る。
共著『たのしくわかる福岡女学院の算数教室』（2013 櫂歌書房）

原口芳博（はらぐち　よしひろ）

福岡女学院大学人間関係学部心理学科教授、人間関係学部長、ガーデニング部顧問
長崎県生まれ、上智大学文学部哲学科（スコラ哲学専攻）及び同大学教育学科（心理学専攻）卒業後、同大学院文学研究科教育学専攻修士課程修了。臨床心理士として、精神科医療において心理臨床活動に従事後、長崎市に原口カウンセリングルームを開業、心理相談活動を地域で展開する。その傍らスクールカウンセラーとしても活動する。2002 年より現職。同時に福岡女学院大学臨床心理センターにて、外来相談者の心理相談に従事している。専門領域は臨床心理学。
共著『いつもこころに休日を』（2000 成美堂出版）、『こころの日曜日 4』（1996 法研）、『心理検査の基礎と臨床』（1987 星和書店）

弱《よわ》みを強《つよ》みに変《か》える
本気《ほんき》が目覚《めざ》めるアクティブ・ラーニング

2015年5月15日発行　初版第1刷

著者　浮田《うきた》 英彦《ひでひこ》
日野《ひの》 資成《すけなり》
伊藤《いとう》 文一《ふみかず》
上野《うえの》 史郎《しろう》
原口《はらぐち》 芳博《よしひろ》

発行人　田村 志朗

発行所　株式会社梓書院
〒812-0044 福岡市博多区千代3-2-1
Tel 092-643-7075
Fax 092-643-7095

印刷　青雲印刷／製本　岡本紙工

ISBN 978-4-87035-551-4